中华先贤人物故事汇

韩信

罗涛 著

中华书局

图书在版编目（CIP）数据

韩信/罗涛著. —北京：中华书局，2022.11（2024.5 重印）
（中华先贤人物故事汇）
ISBN 978-7-101-15830-4

Ⅰ.韩… Ⅱ.罗… Ⅲ.韩信（? ~前 196）-传记
Ⅳ.K825.2

中国版本图书馆 CIP 数据核字（2022）第 133255 号

书　名	韩　信
著　者	罗　涛
丛书名	中华先贤人物故事汇
责任编辑	傅　可　董邦冠
责任印制	陈丽娜
出版发行	中华书局
	（北京市丰台区太平桥西里 38 号　100073）
	http://www.zhbc.com.cn
	E-mail:zhbc@zhbc.com.cn
印　刷	三河市宏达印刷有限公司
版　次	2022 年 11 月第 1 版
	2024 年 5 月第 4 次印刷
规　格	开本/787×1092 毫米　1/32
	印张 4⅝　插页 2　字数 50 千字
印　数	7001-10000 册
国际书号	ISBN 978-7-101-15830-4
定　价	20.00 元

出版说明

孔子周游列国，创立儒家学说；张骞出使西域，开辟丝绸之路；书圣王羲之，留下了曲水流觞的佳话；诗仙李白，写下了"举头望明月，低头思故乡"的名篇；王安石为纠正时弊，推行变法；李时珍广集博采，躬亲实践，编撰医药学名著《本草纲目》……

这些杰出的历史人物，有的是在中华民族文明进程中做出过突出贡献、对后世产生过巨大影响的思想家、政治家，有的是对中华优秀传统文化的传承传播发挥过重大作用的文学家、艺术家、科学家，有的是为国家安定统一、民族融合团结和中外文化交流做出过杰出贡献的军事家、外交家……他们为中华民族的繁荣发展做出了伟大的贡献，他们的行为事迹、风范品格为当世楷模，并垂范后世。

他们是中华民族的先贤人物。他们的思想、品德、事迹，是中华优秀传统文化的结晶；他们的故事，是对中华民族的禀赋、特点和气质最生动、最鲜活的阐释；他们的名字，在五千年中华文明史上最为光彩夺目；他们为五千年中华文明史书写了最为光辉灿烂的篇章。

为了解先贤，走近先贤，我们精心组织编写了这套《中华先贤人物故事汇》丛书，以翔实可靠的史料为依据，细腻动人的故事为载体，真实地呈现中华先贤人物的事迹、品格和精神风貌，彰显他们的贡献和功绩，激发人们对国家民族的热爱，对中华文明、中华优秀传统文化的崇敬。

开卷有益，期待这套丛书成为你的良师益友。

目　录

导　读

　　韩信，汉朝开国名将。长于计谋，善于用兵，为刘汉王朝的建立立下赫赫战功，对历史的前进起到了巨大的推动作用。

　　韩信出生于淮阴（今江苏淮安），家境贫寒，常常吃不饱饭。一次在江边钓鱼，受到一个妇人的接济，留下流传千古的"一饭之恩"的故事。他又能忍辱负重，年轻时被人欺侮，竟然能从对方胯下爬过，忍受这"胯下之辱"。他从小就有异于常人的高远志向。母亲去世时，家贫无以下葬，他选了一块可安置万户人家的高敞之地作为坟茔之所，显示了意欲为万户王侯的雄心。

　　他长大后仗剑从军，先投奔项梁，默默无闻。

项梁兵败身死，又效力于项羽，为郎中之职，后弃楚投汉，投奔刘邦。开始他未被重用，甚至因为受到牵连而差点被斩。心灰意冷之下，韩信想离开刘邦，后被丞相萧何追回。在萧何的强力举荐下，韩信最终被拜为大将军，从此开启其彪炳史册的天才式的军事人生。

井陉之战，韩信带领几万人，用了不到一顿早饭的功夫便击破赵国二十万大军，斩杀赵国将领陈余。他知人善用，礼遇兵败被俘的赵国将领广武君李左车，接受其提出的休养生息，同时派使者去劝降燕、齐的建议。在攻破齐国后，韩信又设奇计，水淹前来援救的龙且率领的几十万大军，并斩杀龙且，从而重创了项羽的军事实力。这是项羽由强转衰的一个重要转折点。在后来垓下合围项羽的战役中，他率领的部队也是主要的战斗力量。汉朝建立后，他被封王，实现了少年时的志愿。

作为一个军事家，韩信是极其成功的；但是作为一个政治家，他却有着明显的矛盾与弱点。他心念刘邦恩惠，拒绝了门客劝他背汉归楚，甚至三分天下、鼎足而立的建议；但他又对权力充满渴望，在刘邦形势吃紧时，要求封王才肯发兵救援。远志与雄心，天才与孤傲，现实与忠诚，仁慈与骄矜，风云际会的时代里，所有的因素叠加在一起，造就了他传奇而又悲剧的一生。功过是非，云烟过眼。但在他短暂而辉煌的传奇里所展现出来的自我实现、自我突破与自我束缚，却是值得我们深思，且久久回味的。

里中少年

　　秦王政二十四年（前223），秦国大军攻入楚国都城寿春（今安徽寿县），楚王负刍从一国之君成了阶下之囚，楚国灭亡。楚国的百姓们着实想不明白，楚国地广人众、根基坚实，怎么就亡了呢？

　　不过，时间总是抚慰伤痛的良药，过了几年，老百姓也逐渐习惯了新的统治，至少现在不怎么打仗，不需要时刻担心被送到战场上断送性命，也就不见得比以前更坏，日子还是得照样过下去。

　　那淮阴地界乃是旧时楚国的重镇，钱粮转道汇集的去处。楚国被灭后，秦国设立了淮阴县，属于东海郡的管辖之下。虽说淮阴的百姓们近来觉得赋税重了些，但日子却还勉强过得下去，加之淮阴好牙是一县的首府，四方商贾集凑，车水马龙，很有一番热闹的景象。

淮阴城西是好大一片商贾云集之地。有打铁铺、小面馆、客栈等等，诸如此类，不一而足。

这一天，在城西肉铺一带发生了一件小小的事。

挑事儿的是个愣头愣脑的少年，年纪约莫十四五岁，皮肤黝黑，身材壮实。他身边围着年纪相仿的几个人，显然是他的跟班。他们这群人将一个少年密不透风地围着。那被围的少年身量倒也长大，就是跟对手相比显得瘦弱了些。少年身上穿着粗布衣服，头发乱蓬蓬的，脸色蜡黄，细看之下，脸上还有些未痊愈的伤痕。只是在落魄的外表下，他眉清目秀，气宇轩昂，似乎又有点狡狯。尤其引人注目的是，那少年腰间别着一把长剑，剑鞘磨得旧了，显然并非名器。他这会儿虽然被众多孩子围在当中，却没露出一星半点的惧色来。

那领头的粗壮少年名叫张毋，是城西张屠夫的儿子。那张屠夫为人强横霸道，又很会些精明算计。屠户虽然是贱业，却也积累了不少家财，在淮阴当地算是有名的一霸。老子尚且如此，小子当然有样学样，在淮阴算作一小霸。父子两人在淮阴无人不知，无人不晓，一般人不敢去招惹。

张毋对那少年道："信哥儿，好久不见，做什么营生去了？该不是做偷儿去了吧！"说完，大笑起来，跟班们也发笑附和。

少年皱了皱眉，淡淡地说道："我做什么营生，关你什么事！"张毋听了这话，顿时变了脸色，心想："他倒是嘴硬。今天不给他点苦头吃，显示不了我的手段。"主意已定，张毋便说道："就这淮阴地面儿，我不想操那闲心，就不关我的事。兴致来了想管了，那就是我的事了。"接着问："今天做什么去了？刚才方听得人说，城西卖寿材的李家遭贼了，怕不是你吧！"

那少年道："好没分晓的货！做贼哪有白天去的！"

张毋被这一抢白，一时说不出话。一个跟班说道："那就是你昨晚去的，也不消说了。"张毋觉得扫了威严，狠狠望了那人一眼。那跟班正得意呢，被这一瞪，嘴里嚅嗫了一下，就不言语了。张毋说道："那定是你昨晚做下的。不许抵赖！走，我们见官去。"

市上往来人等见张毋在这寻事，渐渐围了上来，只是看热闹。其中有几个老成心善的，不由皱起眉头，为那叫"信哥儿"的少年捏了一把汗。

那少年道："你不要血口喷人！捉贼捉赃，你哪里见我做贼去了？假如我昨晚真做贼了，你又果真看见了，难不成你也做贼去了？"说完，嘴角微微翘起，似笑非笑。

众人听了，都笑了起来。有人吹着口哨起哄，有人粗声粗气地叫"好"。就是张毋底下的人也有忍不住笑的。

张毋登时大怒，说道："扯你的狗屁！"说完，飞起身，一脚朝那少年心窝踹去。事起突然，张毋满以为这下该把那信哥儿踹得四仰八叉，不料那少年迅捷地一侧身，躲了过去。张毋这下发了十分的力，姿势已老，收不回来，反而差点自己摔了个狗吃屎。好在他身体壮实，硬生生煞住了，虽然显得狼狈，也算没太丢脸。

他脸色变得红一块白一块，大骂道："我守着这份家业，还要做偷儿？倒是你，从小没了老子的，家里又有个半死不活的老娘要养活。不做偷儿做什么？"说完，又得意起来。

那少年显然不想再分辩，抽身想走。张毋一群人拦住去路，说道："要逃哪里去？"

少年回道："这会儿家去，莫要挡路。"张毋等道："原来要回家藏了赃物去的！我们一起跟了去。不是说捉贼捉赃吗？"见他不言语，又说道："难不成藏在身上？给我搜搜。"

张毋倒不是真怀疑叫信哥儿的少年是个偷儿，就是城西寿材铺子李家失盗的事也是信口胡说的。这会儿说要搜身，不过想着借此剥了他身上那层破烂衣服，叫他在这闹市中赤身裸体，羞辱他一番而已。底下的人得了令，如狼似虎地作势上前。那少年"唰"的一声，把那柄长剑拔了出来。那些人见势头不妙，也就不敢上前，都瞧着张毋，等他拿主意。

围观的人都"嚯"了一声，围着的圈子波浪似地向外扩。

他们之中有人见情形不对，怕真闹出人命了，自己无端被牵连，就散了。按秦律，"贼杀人，斗而杀人，弃市"，杀人者是要在闹市砍头的。虽然只是旁观者，心里却也惴惴。也有一些不怕事大的，高声说"这下可好了"。又有那好心的劝那信哥儿，说不要意气用事。这事儿在城西市集上传开了，围观的人渐渐多了起来。

张毋见这情形，倒成了骑虎难下之势。真要动粗，那柄剑在人家手中明晃晃地抄着呢！若是就此算了，从此威风扫地，也是一大损失。他这时没法，胆子一横，故作镇静说道："信哥儿，敢情你拿了那破铜烂铁我就怕你了？别看你身量长大，恐怕也不过是外强中干罢了。你要真有本事，就把我一剑刺死。不过……不过你也少不了要抵命。你要抵命了，你老娘怕也活不长。如果不敢刺，就从我胯下钻过去。从此就各走各道，两不相犯！"

说罢，腰往下一沉，两腿一分。

围观的人虽然平常多有厌弃那张屠夫父子为人的，此时看着张毋要那信哥儿从他胯下钻过去，一下却都来了兴致，巴不得有热闹可看。

那少年默然不语，沉思了半晌，长剑入鞘，然

韩信沉思半晌，而后从张毋胯下爬了过去。

后俯身，匍匐着从那张母胯下爬过去了。

张母和他那帮跟班们哈哈大笑起来。

围观的人也跟着大笑起来。

那被唤作"信哥儿"的少年名叫韩信，也是淮阴人。父亲早死了，家里只有一个老母亲。他父亲当年是守卫首都寿春的一个小小的军官。也正是秦国灭楚的那年，从此和家里断了音信，留下孤儿寡母过日子。那时韩信不过才七八岁的年纪。母子刚开始还盼着韩信父亲有天能回来，日子久了，这念想也断了。那些兵纷马乱的年月，打起仗来，战死的人太多，多到他们都觉着那个人是回不来的了。

韩信回到家，天色已经晚了。他娘李氏这些年多吃了些苦，加上思念丈夫的心病，郁郁成疾，此时在黑灯瞎火的屋子里坐着。听见儿子来了，便开口说道："信哥儿，回来了。"韩信答应了一声："娘，我回来了。"李氏问道："用过饭了没有？"韩信回答道："用过了。"

他们母子二人相依为命，这么些年贫苦惯了。李氏一个寡妇，只靠平时做些针黹过活，偶尔还要靠亲戚乡邻的接济。这李氏虽然穷，却是个有见识的，咬着牙把韩信送到学里念书。后来韩信见母亲为自己过于吃苦了，抵死不去上学。李氏打也打了，骂也骂了，韩信终是不听，也就无可奈何。韩信长到这么大，也是个不着边的浪荡子，治不了生业，所以只能四处寄食，蹭吃蹭喝。

李氏问道："今天又做了些什么营生？"韩信道："娘，也没做什么。不过像平时一样罢了。"李氏又问："没有和人惹气吧？"韩信回说没有。

李氏叹了口气，说道："那就好。自从你父亲断了音信后，我们母子两个相依为命，也算把你养得这般大了。省吃俭用地送你上学，你后来也不去了。娘也知道是你孝顺。可是你只顾及我吃苦，却没想着盼你成人的那点心。我们贫苦人家，没钱孝敬上官，你也是浪荡无行的，不能够推荐为小吏。你又不能做买卖，手不能提，肩不能扛，成日里只知道舞刀弄剑，长此以往，不是个事儿。现在又不是你父亲那会儿了，可以去军中混口饭吃。你看看你父亲，又落得什么好下场？依我看，等过些时日，托人给你找个媳妇儿，成了家，你也就不这么三天两头地往外面跑了。我也知道你的心气，是个有志向的人。大丈夫胸有大志，这很好。但是再有志向，也是从细处做起的。你难道没听那孔夫子说的'听其言，观其行'的话吗？你现在这样浪荡无行，甘于下流，天天跟人惹气，即使胸怀大志，又如何呢？况且从古及今，又见哪个成大事的人是这样的呢？你从现在起就改了吧。这才是你最大的孝心了。"

说完，老眼都湿了，只管拿起袖子抹眼泪。

韩信是个孝子，这一席话，把他说得默默无语。他心里暗自说道："娘说的是。自己年纪也大了，该做长远打算。也不该惹娘生气才是。"于是恭恭敬敬地回答说："娘，儿子再不胡闹了。"

李氏听了这话，心里甚为安慰，这才止了泪。

果真从此以后韩信就收起心来。李氏心里很高兴，也认真给韩信找起媳妇儿来。只是大家都知道她家的底细，不愿意把女儿送到他们家吃苦，所以一时间还成不了。

当地有个姓陈的儒生，满腹经纶，胸中甚有韬略。眼见苛政日深，又是修长城，又是发兵打匈奴，海内沸腾。每每私底下跟人说，天下恐怕又要大乱了。他跟韩信闲谈，知道他胸有长志，甚为可敬，便对他说："刀剑学好了虽好，不过也就敌得过一二人而已。不如学兵法，运筹帷幄，可敌万人。"

韩信听了大喜，下跪拜那陈姓儒生做老师。陈姓儒生也很高兴，不久给了韩信一册《孙子兵法》，让他好生诵记学习。二人时不时探讨演练。

李氏见了，心里高兴，身上竟也轻快起来，不过日子并没有因此好转。她一个妇人家，做的针黹挣得了几个钱，不过是仅够自己糊口罢了。韩信为了不让母亲委屈，自己少不得还要去四处寄食。

这一日，韩信实在肚饥，去河边钓鱼。恰好河中有一群女人们在漂洗丝絮。原来淮阴历来是治丝的重镇，很多人都以此为业。当时治理丝线有道漂洗的工序，做这活儿的多为女人，通常把她们叫作漂母。其中一个年老的妇人见韩信面有饥色，忍不住说道："我看你在这钓了这么半天，也没见鱼上钩。我们今日的活儿也差不多了。你若不嫌弃老妇人家的剩饭菜，可以拿去充充饥，总是饿不着的。"

韩信听了，心想："这是哪里的好运气。"连忙答应了。那漂母回了家去，取了饭菜来。问了问韩信家中情形，韩信一一回答。那漂母便说道："我这活儿少说还有十多天才得完。你若是肚饥，自可来河边找我。老妇人给你带点吃食，你也可以带点回去给你那老娘。"

韩信感激不尽，回家后给李氏说了。果然，一连十多天，那漂母日日送饭给韩信。等漂母做完了活儿，韩信对老妇人说："我日后一定有重报。"不想老妇人听了这话，生气道："大丈夫不能自谋生路，我不过是哀怜你吃不饱，给你饭吃，哪里是盼着回报呢！"

光阴似箭、日月如梭，不觉又到了深秋。许是时气不好，那李氏的病日渐沉重。一日她把韩信叫到床前，说道："信儿，娘怕是好不起来了。人生一世，穷通寿夭都是有定数的。这样的光景，老天爷让我活了这么把年纪，能看着你成人，也是老天爷的恩惠，没什么不知足的。就是娘有块心病，一直搁在心里，想起来好不难受。就是你年纪也不小了，好歹要寻着一门亲事，成个家。但是别人看着咱家家徒四壁，娘儿两个只能喝西北风，哪个愿把个心肝女儿嫁过来！你是志大的人，不过大丈夫修身、齐家、治国、平天下，是一步步的事。哪天娘真的不好了，你还是要把家成了。不管是不是在守孝中，也不拘美丑，只是贤惠、识大体便好。还有一点娘也担心，就是你做事有些不够细谨、有些轻狂，容易招来祸患。你可谨记！"

李氏虚弱地说了这么些话，长叹了口气。韩信听了，垂泪答道："娘，你不用担心，我知道了。再说，只是时气有些不好，冷了些，哪里就是你身上不好？等来年开春就会好了。你只管静心调养，不用多想。"

李氏说道："你说的也是。你看看昨天还有些剩的饭菜没有？有就热些来，娘有些饿了。"韩信听了，就赶紧去了。

韩信忙着给老娘安排饭食，自己却无甚可吃，勒紧了腰带，饿了这一日。心里说道："这也不是长久之计。陈先生说，天下恐怕将要大乱，也许就有我出头的时日。只是天天闷在家，谁人知晓我韩信是谁？不如出去闯闯，认识些人，也可蹭些饭食。只是娘这病，一时也不能远离。"

想了半天，他打定主意，把娘托付给陈先生和左右邻舍。第二天他把一切安排妥当后便离了家。

韩信也不敢去得远，便去了下乡县，那下乡县治下有个叫新乡的地方。久闻当地亭长是个宽厚长者，府上时常住着些门客。韩信也投了名帖，在那里做了名门客。一连住了好几个月，除了时不时牵挂家里老娘，回去看看，日子过得很是逍遥。那亭长虽然忠厚，只是有一样坏处，十分地惧内。他那夫人看着韩信住了这么些日子，完全没有离开的打算，心里慢慢不高兴起来，渐渐地就没有好话了，言语带刺，乃至饮食都不周到起来。

有一日，亭长妻子老早起来做了早饭，然后坐在草褥子上吃了。韩信按照往常的时间去就食，自然是走了个空。韩信不由大怒，愤愤地去了。

韩信正自气闷，在街上走着，忽然听得一声"信哥儿"。回头一看，原来是隔壁高邻。那邻居告知韩信其母这会儿病势沉重，已经发过几次昏。再不去，怕就见不着了。韩信听后连忙往家里跑。

等到家里时，李氏已经没了。韩信大哭。有人劝道："信哥儿，现在不是哭的时候。想着怎么把你娘好生安葬了才是。"韩信收了泪，说道少不得要仰仗各位高邻了。大家说了些客气的话。陈先生也闻讯赶来。韩信见了，不由地又哭起来。陈先生好言宽慰了几句，也说了要安排下葬诸事。

陈先生是个老成人，凡是都替韩信拿主意，所以诸事井然，倒不怎么忙乱。只是关于下葬的地方，韩信是自己有主意的，非要寻个高高的宽敞的地方。韩信在城外找了几日，才定了下来，里里外外忙乱了好一阵子，诸事俱毕。

韩信回了家，家中只剩他一个人，好不凄惨。陈先生上门，跟他说家里有个小女，做得女工，拿得箕畚，如果不嫌粗陋，可以侍奉他。韩信听了，喜出望外。

陈氏在当地是个大族，清清白白的人家。陈先生在地方上颇有些名望。虽然当下并非读书人的天下，日子也算清苦，但比起韩信家却不知好了多少倍。当陈先生说想把女儿许配给韩信时，家族里上上下下没少嘲笑，说他读书读得迂了，什么样的世家王孙都拒绝了，竟然把女儿嫁到那样的人家去，这不是往火坑里推么！先不说韩信家贫，无以为业，常常四处蹭吃蹭喝，是淮阴出了名的浪荡子。就单单他这个人，又没有什么出众的操行，不能推荐去做官吏。他老娘这会儿刚过世，家里穷到没钱下葬，后来还是靠着邻里东拼西凑才草草完事的。

不过陈先生说道："你们知道什么！韩信虽穷，那李氏的身后事却讲究，选的地高敞开阔，旁边可置数万人家。其志向不可小觑！"他对女儿说："韩信现在贫困无行，我看他的志向，像有前途的人。听老父的话，将来有你的好处！"

他女儿虽是一介女流，但自小在陈先生身边耳濡目染，胸中也有见识。听了父亲这般说，便答应了。

韩信孝服在身，不便即时成亲。虽然他老娘生前说过有亲事不必守孝的话，但陈先生说礼不可废。陈家等他守完了孝之后，这才完婚。韩信家无长物，拿不出像样的聘礼，倒是陈先生陪了不少妆奁。婚事一切从简。成亲之后，日子虽然辛苦，但夫妻二人恩恩爱爱，相敬如宾。韩信觉得交了好运了，着实过了段好日子。

然而，国家的情形却日渐坏起来。始皇帝先是听了丞相李斯的建议，焚书禁学；后发刑徒七十万人修建阿房宫，又坑杀四百六十多名学士于咸阳。秦始皇三十六年（前221），陨石落于东郡，有百姓在那陨石上刻字，说是"始皇帝死而地分"，秦始皇下令将居住在近旁的百姓统统杀了。

秦始皇三十七年（前220），始皇帝开始第五次巡游。途中始皇帝病势渐沉，派遣徐市率领童男女三千人，入海求仙，渴望长生不老。在返回都城咸阳的途中，秦始皇病重，七月丙寅，死于沙丘（今属河北广宗）。秦始皇少子胡亥伙同中车府令赵高以及丞相李斯，矫诏赐了太子扶苏死罪，又囚禁了大将军蒙恬。最终，胡亥顺利在咸阳继位，是为秦二世。

秦二世更是昏庸。国事日蹙，他不想着如何为百姓解难纾困，倒把那法律峻刻起来，徭赋加重起来，弄得个民不聊生、民怨沸腾。到了秦二世元年（前209）七月，阳城人陈涉揭竿而起，自立为王，国号张楚；九月，刘邦起事于沛县；项梁、项羽起兵于会稽。其余蜂拥而起的大大小小的义军，处处皆是，不可胜数。

淮阴地面人心惶惶，情势也紧急起来。韩信想着风云际会，正是一展才学的时候。回家和夫人商量从军的事。陈氏说，这是要紧的大事。大丈夫志在四方，哪能贪恋男女欢爱，胸无大志呢。又说可以把父亲请来一起商议。给了几个钱，派了个邻居家的小童去请陈先生。

陈先生不一会儿来了。韩信将从军的话又说了一遍，陈先生也深以为然。韩信问该投靠谁去？陈先生说，听闻项梁不日就要渡淮，你可顺便投靠。韩信又担心家里无人照顾。陈先生说道："贤婿，你只管放心去了。我自家的女儿，还会忍心让她受苦？等你立功成名回来时，依旧夫妻完聚。"

韩信听后，下跪谢过。

启程那天，陈先生备了席薄酒，为韩信践行。那陈氏虽然赞同丈夫从军，等真到了离别之日，心里却是好不难受。况且从军打仗，生死不可知，一旦死了，此身以后再无依靠，甚至有些后悔起来，忍不住落泪了。

陈先生宽慰女儿道："不要如此。我昨日占了一卦，大吉。贤婿此去，定然功成名就。你在家放宽心，免得贤婿牵挂。"陈氏听了，这才慢慢把泪收了。

韩信饮了酒，用过饭，带上收拾好的衣物盘缠，向岳丈和夫人说了一番保重的话，洒泪而别。陈氏站在门口，望着丈夫远行，直到韩信连个影儿都不见了，尚兀自不肯回屋。

潜龙出渊

项梁渡了淮河，驻扎在下邳。韩信仗剑从之，投在了他麾下，但并未得重用，仍旧籍籍无名。

秦二世二年（前208）九月，项梁在东阿和秦将章邯大战，大败秦军。于是乘势领兵西进，到达定陶，再次打败了秦军。项梁连战连捷，不免有了骄矜之气，对秦军也轻视起来。此时秦二世从全国各地紧急征调军队，增援章邯。两军对垒，在定陶又打了一仗。所谓骄兵必败，这一回，项梁大败，将那身家性命都断送了。

项梁溃败的军队后来重新集结，归入了项羽麾下。项羽任命韩信做了一个小小的郎中。韩信多次向项羽献策献计，哪知这项羽勇猛异常，鲜少失利，也是刚愎自用的人，兼底下猛将如云，哪里能听得韩信这个小小郎中的话。

这时汉王刘邦带兵入蜀地，韩信心下一横，投入刘邦麾下，得了个连敖的军职。他本想着安分从这个职位做起，等待时机。不想因为队伍中有人犯了军法，汉王治军甚严，韩信受到牵连，按军法当斩。同辈十三人都被斩了，韩信心里悔恨："吾命休矣！早知富贵有命，倒不如守着内人过那平头百姓的日子，好过现在挨刀子。"

正自懊悔，轮到他的时候，忽仰头一看，见到一人，却是夏侯婴。夏侯婴是沛县人，自幼与刘邦交好。因当时做了滕令奉车一职，所以世人称之为滕公。刘邦起兵，滕公一直追随，刘邦擢升其为太仆。韩信心想滕公素来知人，怕是转机也未可知，心中倒冷静下来。于是冲着滕公大声嚷道："沛公斩白蛇，不就是为了平定天下吗？如今为何要斩壮士？"

这话被滕公听见了，甚为惊奇，又看韩信相貌不俗，连忙喊道："刀下留人！"那行刑的人见是滕公，哪有敢不听的？

夏侯婴命人给韩信松了绑，问了韩信来历，二人攀谈起来。及至说了些天下大势，以及行兵打仗之法，夏侯婴越发称奇，便说道："壮士委身连敖之职，实在屈才了。待我向萧丞相举荐。他慧眼识英雄，定知壮士是有才学的，必当重用。"

韩信拜道："滕公救韩信于刀下，尚无以为报，又得公力荐，日后若有寸功，不敢有忘！"

滕公大喜。晚间，略备了酒席为韩信压惊。二人喝得大醉才散。

滕公领了韩信去找丞相萧何。那萧何当年任沛县主吏掾。刘邦任泗水亭长时，负责押送一批囚徒赴骊山修建秦始皇陵墓。不想路上逃亡甚多，刘邦禁压不住，到了丰乡时，亡失大半，索性将一众囚徒解了束缚，让他们各自逃命去了。这是杀头甚至灭族的大罪，回不了差，自己则与心腹数人隐居芒砀山间。沛县县令下令捉拿刘邦妻子吕雉。幸亏萧何和一个叫作曹参的狱卒，极力斡旋，保得刘邦妻子平安。后刘邦先入关中，灭了秦国，萧何接收了秦御史府所藏的律令、图书以及地图，为刘邦集团立了大功，所以官拜丞相，刘邦对他甚为倚重。

萧何和滕公也是旧相识。这时听了滕公的话，求才心切，忙说请进来。韩信等候在外，不多时进来拜见。萧何见他身量高大，器宇不凡，心生几分敬意，后见他谈吐潇洒，深通韬略、善晓兵机，不由大喜，对韩信说道："滕公所言非虚！改日我一定禀明汉王。有国士如此，怎么能久屈连敖之职？"

韩信听了，大喜过望，又重新施礼谢过。

萧何有怜才之心，不想刘邦却没有惜才之意。萧何屡次在刘邦面前推荐韩信，刘邦每次都是敷衍而已。韩信并未受到重用，改当了个治粟都尉。

那刘邦也有自己的烦恼。秦二世三年（前207），楚怀王与众将约定：先入关中者封王。后刘邦率先攻入关中，擒了秦王子婴，秦朝就此灭亡。按照当年约定，刘邦当在关中为王。然项羽不依，领兵攻打函谷关。入关后，屯兵霸上。刘邦见情形不对，连忙向项羽请罪，赴了那刀光剑影的鸿门宴，差点丢了性命。后项羽自封为西楚霸王，占有梁楚九郡之地，建都于彭城。

当时项羽大权在握，天下无可匹敌，虽未称

帝，却是实际上的统治者了。于是他背弃旧约，改立刘邦为汉王，辖治荒远偏僻的巴蜀、汉中之地。为了防着刘邦东进，项羽又把关中一分为三，分封给了三个秦朝降将——雍王章邯、翟王董翳、塞王司马欣，叫作三秦王。雍王章邯就是当年打败项梁的那位，后来降了项羽。三王管辖的地方也就叫作"三秦"。刘邦眼看着到手的关中之地就这么无缘无故地飞了，憋了一肚子的气，怎奈势单力薄，只好听从萧何、张良等人的建议，隐忍入蜀，伺机再与项羽争个高下。

不想汉王底下的那些将领、士兵们见他势力单薄，觉得跟着他非长久之计，也就有趁机逃亡的。军中时不时来报，刘邦为此发愁不已。若在平时，刘邦或许还会听萧何的举荐，此时心里有事，哪里还把韩信的事放在心上。

这一日，有人来报刘邦："丞相萧何逃亡了。"刘邦听后大惊。问道："这消息可真？"回答说："千真万确。昨晚军中见丞相半夜骑马出去。守卫见是萧丞相，去得又急，就没好问。不想丞相这一去，一夜未归。"刘邦听了，跺脚骂道："这该千刀万剐的腐儒！见我稍微失势，便舍我去了。该砍头的腐儒！"刘邦这边骂着，心里却怅然若失，如失去了左右手。

过了一日，还是没有丞相萧何的消息。刘邦坐立不安，嘴里只是骂人。底下的人个个胆战心惊，谁敢出半个声儿！又过了一日，刘邦正在发愁，有人来报说丞相来见。刘邦听了，又惊又喜。本想自己亲自迎接出去，又怕逗了萧何的脸面，于是传他进来。刘邦一见萧何来了，心里腾起怒火，怒声说："底下人报说你逃亡了，不知为何？"

萧何口中称罪："大王待臣恩重如山，天下大事未定，臣不敢逃亡。"刘邦心下稍平，问道："那你骑马出去，两日未归，怎么回事？"

萧何回答道："臣为大王追回逃亡之人。"刘邦听了，这才解了疑窦，知道是错怪了，问道："追的是谁？"萧何回道："韩信。"

刘邦一听追的是韩信，又动起气来。便说诸位将军逃了十几个也没见你追，怎么却追个韩信，可知有诈。萧何回道："诸将易得，良将难寻。至于韩信，国士无双。如果大王想只在这蜀中称王，当然用不着韩信。假如想要与项王争夺天下，除了韩信，就没有可以委以重任的人了。这也只看大王的打算罢了。"

刘邦微微叹了叹气，脸色缓和下来，说道："我也筹划着东进。哪里能够久居此地呢？"刘邦本就是有雄心的人。当年他在咸阳服徭役时，见了秦始皇出巡时的盛大场面，不由脱口而出道："大丈夫当如此啊。"如果长居巴蜀，这雄心壮志怕是要被消磨了。此时他被萧何说中心事，神色有些黯然。

萧何继续说道："大王既然要东进争夺天下，若能重用韩信，韩信必留。如果不能重用，韩信最终还会逃亡，留不下的。"刘邦说道："既然如此，我且看在你的分上，擢升他为将军。"萧何说道："即使为将军，韩信也必定留不住。况且他本来是项王麾下的人，只因为不受项王重用，才转投大王麾下。大王既然以天下为志，便不可轻慢。"

刘邦想了想，便说："那就封他为大将军吧。"萧何说道："这样才好了。"

刘邦正想要下令召见韩信，立刻拜他为大将

军。萧何说道："不可。大王素来轻慢无礼。现如今拜大将军，如呼唤小孩子一般，如何留得住人心？这就是韩信以及其余诸位将领逃亡的原因了。况且韩信擢升为大将，军中恐不服气。大王既然决定要拜他为大将，不如选个吉日，沐浴斋戒，设立坛场，备好礼物。一者安抚了韩信之心；二来向众人展示大王求贤若渴之意。岂不一举两得？"刘邦听了，深以为然，笑道："你这腐儒，说得倒是在理！"

于是刘邦选了个吉日，贴了榜，一面告示军中将择日登坛拜将，一面令人整顿坛场，备起礼物来。

原来韩信想着既然有滕公、萧丞相二人的举荐，自己不久当获重用，可以一展青云之志。等了许久，也不过是提拔为治粟都尉。想那萧何定然多次跟汉王说过了，汉王既然不用，叹气道："时也，命也！"然后想，不如去他处碰碰运气，于是趁夜就逃走了。军中守卫发觉，连忙禀知丞相萧何。萧何听韩信逃走，来不及禀告汉王，一个亲信随从都来不及带上，趁着月色，独自骑了匹快马追那韩信去了。

因为从军中逃亡是死罪，韩信恐人追来，快马加鞭，一口气投东边的大道奔了四五十里路。这时有些人困马乏，见无人追来，稍稍停了停。此时是六月间天气，月色早上来了。当空一派月色，青光如水。韩信想起从军的这些光景，想起来家里的妻子，也不知近来怎么样了。这次出逃，功名未立，似乎也没脸面回去。这般想着，有些英雄气短起来。他心道："韩信呀韩信，当时决意出来从军时，说得那样气概，没想到命运淹蹇，投靠项王，可恨项王刚愎。亡楚归汉，又得萧何举荐，汉王也不过委个都尉之职。天不遂人愿！唉！"

他这里正自叹气，忽然听到后面嗒嗒的马蹄声，向这边来得正急，越听越分明。韩信听得心惊，立马扬鞭，朝前路狂奔而去。后面的人穷追不舍。韩信官职卑微，逃时只骑了匹劣马，这时赶了半夜的路，足力有些不济了。

只听后面的马蹄声越来越近。

韩信越发着急。忽听后面有人喊道："前面的可是韩壮士？暂且留步！"韩信听那声音从风里吹来，竟有些耳熟，隐约是萧何的声音，遂勒马停住。不一会儿，一人一马霎时奔到了面前，果然是萧何。

韩信没有下马，看了看，萧何确实是一个人追来，于是在马上略略施了礼。萧何气喘吁吁，歇了半晌，才把气息喘匀了，说道："韩壮士，深夜出游，不知为何？"萧何明知韩信本为逃亡，却说是"出游"，只不过是为保全韩信的脸面罢了。

韩信听了，哪能体会不出萧何的用意？不觉心头一热，说道："丞相，在下想着您也将我举荐给汉王了。无奈时运淹蹇，不得汉王重用。再留在那里，也无甚趣味。"萧何说道："韩壮士不知此去有何打算？"韩信叹气道："天下之大，应该有我的立身之地吧。"萧何见机，好言相劝："韩壮士，天下纷纷，英雄并起。依我的愚见，这时英雄虽众，天命却只在汉王和项王二人之间，不知你认为是不是呢？"韩信并不开口，只点了点头。

萧何又说道："韩壮士，你因为不得项王重用，亡楚从汉。这会儿亡汉又能去哪？以后如果天下大势已定，别的人封侯拜将，壮士一腔热血，满腹韬略，壮志未酬，岂不可惜！"

韩信听了，长叹一声，喃喃说道："天意如此，夫复何言！"萧何说道："这话就差了。从来天意也随人而定，现在还有回旋的余地。依我的愚见，壮士莫如随我回去。我拼着惹得汉王生气，也要为你出力。若汉王再不依，我和壮士共进退，如此可好？"

萧何坐骑马鞍上挂了一个箭壶。他从中取出一只雕翎箭矢，一折两段，说道："我若违背方才的话，有如此箭！"韩信见此情形，还有什么说的，忙滚鞍下马，拜倒在地，说道："丞相知遇之恩，韩信结草衔环也报答不尽。"萧何也忙翻身下马，扶韩信起来。

此时天色已经微微明了，东方露出那鱼肚白来。萧何说道："天色已明。再走一程路，前面就是个大市镇。我们前去吃饭，索性休息一两日再回去。"接着笑道："我这番前来，来不及在汉王处禀告一声，估计他们也认为我和韩壮士一样出逃了呢。不是萧某夸口，汉王若知我走了，也得不爽快一阵子，那时候再回去，更好替韩壮士开口了。"

萧何月下追韩信。

韩信听了这话，脸上讪讪的，说道："全凭丞相定夺！"萧何微微一笑。二人复又上马，缓缓前行。

因为有这段渊源，加之萧何力荐，刘邦果然答应拜韩信为大将。韩信早得了萧何的回话，大喜过望。到了拜将那日，诸将皆喜，以为大将军之位非自己莫属。等到汉王礼节隆重地宣布韩信为大将军时，全军皆惊。

礼毕，汉王让韩信上坐。汉王说道："丞相多次推荐将军，不知道将军有何计策可以赐教寡人？"韩信说道："当今能与大王争夺天下的，恐怕只有项王吧？"刘邦说了声"是"。韩信道："大王自问勇悍仁强可比得过项王？"汉王刘邦听了，心里有些不悦，默然良久，才吐出"不如"两个字。韩信再拜，说道："就为汉王'不如'这两个字，臣要恭喜汉王！"刘邦狐疑不解，问道："喜从何来？"

韩信说道："末将也以为汉王不如项王。但是臣曾在项王麾下，深知项王为人。项王勇猛无双，但是不能举贤任能，这不过是匹夫之勇罢了，何足道哉！项王待人恭敬慈爱，言语温和。底下的士兵受伤或有疾病，他为之痛哭流涕，共分饮食。但有功当封爵位的，他却舍不得给。天下纷纷，将士们刀口上舔血的生涯，不就图个功成名就、衣锦还乡么？所以项王不过是妇人之仁，难以深结众心。"汉王听了，神色舒展开来。

韩信接着说道："如今项王虽然雄霸天下，实不足惧。他不居于关中而定都彭城，违背当时的约定，已是下策。况且项王任人唯亲，亲信的人，无论功过大小都分封为王，诸侯心内不平。后来项王迁逐义帝于江南，诸侯纷纷效仿，逐了各自的主上，尽拣那险要之地自称为王。项王每下一地，必屠灭其城，天下怨恨，百姓不亲附，只不过害怕他的威势罢了。虽然名义上称霸，实际上并未得天下人心。现如今大王如果能反其道而行之，任用天下勇武之士，何所不诛？以天下城池分封功臣，何所不服！况且三秦本为秦国亡将，数年征伐，杀伤诸侯各国百姓无数，就连上柱国项梁也为他们所杀。后来倒戈，归降项王，在新安任由项王坑杀秦国投降士卒二十余万人，仅他们三人幸存，由此分封为侯。秦国旧人也恨他们入骨。现在项王强盛，不过借重此三人而已，其余不足为患。大王破关中，约法三章，秋毫无犯，秦国百姓感佩大王恩德，巴不得大王仁被四海，君临天下。大王虽居于蜀地，实际上更得天下人心。目下所缺的，不过是时势罢了。如果大王举兵东进，那么得三秦不过是传檄而定、不费吹灰之力罢了。"

这么洋洋洒洒的一席话，分析天下大势，鞭辟入里，说得汉王喜笑颜开。韩信说话时，汉王不觉膝行于前。一席话终了，刘邦大笑道："天以将军赐我，何愁大事不成！萧何诚不我欺！只恨寡人未能早遇将军，实在相逢恨晚。"说罢，又大笑不已。

那年八月，刘邦果然从关北出兵陈仓，平定了三秦。到了第二年，收复了魏国、河南诸地。然后趁势联合齐、赵二国，一起攻打楚军。四月，汉军屯兵彭城。

这时项王正引兵攻打齐国。那齐国本来都是降了楚国的。只因项羽破齐之后，焚烧齐国城郭，大肆屠杀齐国军民，齐国拥护已故齐王田荣之子田广为齐王，复又背叛楚国，与汉联合攻楚。项王虽然听说汉王出蜀东进，与齐国联合，分身不暇，于是打算各个击破。等到汉军攻入楚国的大本营彭城时，项王这才着了慌，暂将齐国放在一边，引兵从胡陵（今江苏沛县龙固东北部）进发，来到徐州萧县（今安徽萧县），与汉兵大战于彭城灵璧东。汉军大败，死伤无数，睢水都被士卒死尸拥塞堵住了，竟无法流动。

天下诸侯见楚国强盛，汉王又大败，也纷纷背叛汉王，归降楚国。本来已归降汉王的塞王欣、翟王翳也闻风而动，重新归了项王麾下。当时封为魏王的魏豹，正好家中亲人病重，于是向汉王请求回国探视。刚一到魏国，立刻封锁了国境上的蒲津关（今陕西大荔东），向项王称臣。汉王派遣郦食其做说客。魏豹向郦食其说道："人生一世间，匆匆数十载，如白驹过隙。汉王轻慢，又喜欢侮辱人。骂起诸侯群臣来，像骂那奴仆一般。哪里知道礼贤下士的礼节！我不想再为汉臣，受那些没来由的鸟气了。"于是打发郦食其回复汉王去了。

这时的形势对刘邦越来越不利。

刘邦忧心忡忡。这一日，思前想后，计无所

出，命人传韩信将军。韩信入见，正要施礼。汉王说道："事在危急，这些小礼节，何须计较！"韩信谢过了。

刘邦说道："彭城一战，我军损失惨重。如今项王兵多将广，气焰正盛。诸侯见风使舵，纷纷背汉归楚。将军有何良策，可解当下之困？"韩信说道："诸侯各国，不过为势利所趋，并非真心为楚。今日背汉归楚，他日见情势转了，难保不背楚归汉，所以并不足惧。唯一需要提防的是魏国、赵国和齐国，他们与楚成为掎角之势。要破目前的困境，莫如先打魏、赵，再下齐、燕。如此，才能再图后策。"

汉王听了，于是拜韩信为左丞相，带领精兵攻打魏国。魏王豹闻风而动，屯兵蒲津关，又派遣重兵把守魏国边境重镇临晋（今属山西运城）。韩信打听得实，一面派兵在临晋安排下船只，佯装要攻打，一面下伏兵乘了木筏子，从夏阳悄悄出发，偷袭安邑。

魏豹果然上当。由于魏国重兵都屯集在临晋，安邑兵力空虚，很快就被攻破了。安邑失守，魏国门户洞开。魏豹听了部下来报，大惊失色，连忙从临晋引兵向安邑进发，迎击韩信。那魏豹先失一局，早就人心惶惶。汉军乘着势头，加上韩信运筹帷幄，魏豹哪里抵挡得住？汉军一战而胜，生擒了魏豹。韩信平定了魏国之地，设为河东郡。韩信写了封捷报，派了一众军士押送魏豹去了汉王处，听凭发落。刘邦得了韩信平定了魏地的消息，甚为安慰，忙派遣张耳领了一队精兵来与韩信会合，乘势引兵东进，北击赵、代二地。

那魏豹被押送至荥阳，汉王不计前嫌，命他和周苛、枞公诸人驻守荥阳。后来楚国攻打荥阳甚急，汉王刘邦用了个金蝉脱壳之计，弃了荥阳城，仅和几十个人逃得了性命，留下周苛、魏豹等人守城。那周苛和枞公商议道："魏豹反复无常，是个叛国之主，难与守城。如今楚军压境，魏豹如若叛心复萌，难保不为内应。那荥阳就危险了。"

二人商议已定，趁机杀了魏豹，除了后患。

当然，这也是后话了。

传檄而定

那时正是九月间，秋高气爽的时节。

赵国地方偏北，所以暑气渐渐散了，深秋的寒意还未掩上来。

此时井陉（今属河北石家庄）一带，道路上行人稀少。这井陉乃是天下有名的险塞，是通往赵国的要道，为兵家必争之地。若是平时，这会儿正是商贾贸易的好时节，路上行人络绎不绝，摩肩接踵，井陉道路又窄，排列不开。这会儿却只能偶尔见几个百姓，也是行色匆匆。虽然眼前秋色迷人，但也无心游玩，只顾赶路。

因为大家都知道，快要打仗了。

韩信刚定了魏地，擒了魏王豹，又破了代地，擒了代地的丞相夏说。趁着连战连捷的势头，引了精兵锐卒数万人，正朝着井陉杀将而来。

井陉目前虽然还算平静，但也能感觉到与平时不同的异样气氛。平常出入关是比较轻松的事。现在守卫的士兵对每个出入的人都严格盘查。因为他们知道，这里面未必没有韩信那边派来探听消息的奸细。盘查过了的人，如蒙大赦，走得更加急了。

赵王等人闻得韩信将要袭击赵国，所以聚兵井陉口，扼守住咽喉之地。虽然赵王亲自坐镇，不过只起个象征意义，真正掌管井陉的人是两个：一个是成安君陈余；一个是广武君李左车。成安君陈余，大梁人。秦二世时天下大乱，投靠陈涉，陈涉派了武臣攻打赵地，陈余等人拥立武臣为赵王。后来武臣兵败身死，赵王也换了一茬又一茬，陈余兜兜转转，一直从旁辅佐。那李左车也是有来头的人物，乃是战国末期赵国名将李牧之孙。

这一日，李左车向陈余献计道："韩信新近擒了魏王豹，又俘虏了夏说，加上张耳的辅助，更是如虎添翼。此时来势汹汹，势不可挡。如今这井陉道路窄小，车马都不得并列。韩信军队延绵百里，我料想军粮一定在后面。愿足下借我精兵三万，从小道袭击，劫了他们的粮草。足下只管在城内坚守，任他百般搦战，只是不理。这时他们前不得进，后不能退，我再出奇兵，断了他们后路，不出十日，韩信、张耳二人头颅唾手可得。若不如此，我们反而可能被他们所擒。"

成安君陈余是位儒者，以崇尚儒学成名，嘴里常说的是"正义之师用不着诈谋诡计"，所以李左车这席话哪里听得进去！只不过当成耳旁风罢了。其实他心里还存有个私心，原来这次和韩信一同前来的张耳与他很有些瓜葛。张耳也是大梁人，陈余与他很早就认识。那时陈余年少，将张耳像父亲一样看待，二人为忘年的刎颈之交。后来秦将王离将赵王赵歇、张耳围困于巨鹿城。秦将章邯驻扎在巨鹿南面，以为辅助。陈余将兵数万，驻扎在巨鹿北面。王离日日攻打巨鹿。巨鹿城内粮尽兵少，眼看不支，张耳派人摸出城外，请陈余支援。陈余自料兵力打不过秦军，因此不敢出击，最后还是项羽前来救援，才解了巨鹿之围，二人从此有了嫌隙。后来张耳因缘巧合，又夺了陈余兵权，加上张耳因为跟随项羽入关，封为常山王。陈余未随从入关，才封了个掌管三个县的小小侯爵。二人从此彻底反目。这次张耳领兵来袭，陈余憋足了气，务必报了当年夺权之仇，而且要报得光明正大，所以也听不进李左车的话。

韩信派出的探子探得了这消息，大喜。这才敢引兵进入井陉，在离井陉口三十来里的地方安营扎寨。

到了半夜，传令军中出发。选了轻快的骑兵二千人，每人拿着一面赤色旗帜，借着山势从小路偷偷进发，下令说道："赵国守军见了我，必然倾巢而出。你们趁机潜入，拔了赵国旗帜，换上我们的赤色旗。"然后叫裨将传令军中："今日等破了赵国，再吃早饭。"

诸将听了，都偷偷咋舌，心下暗自说道："这离天亮还有几个时辰，莫说就这么一小会儿的功夫，就是十天半个月能打下来，也是够好的。何况赵军号称二十万，几乎十倍于我，如何小觑得！"但也都只得佯装称诺。

韩信领了一万人马从营寨里出来，然后背着

河水列阵。赵军见了都哈哈大笑，有人不禁说道："背水结阵，乃是死路。这韩信不通兵法。擒魏王、虏夏说，可见他们脓包得紧哩！"

等到天明，韩信令军中竖起大将之旗，一面红色的旗帜上铁画银钩的一个"韩"字。接着下令竖起一面大鼓。一声令下，击鼓手将那战鼓擂起，鼓声震天动地。伴着鼓声，韩信大军摆开阵势，攻打过来。赵军见状，也立刻开了营门，从里面杀将出来。

两军相接，真是好一场厮杀，只见旌旗蔽日，喊声震天。大战良久，韩信、张耳引着军马弃了旗帜军鼓，不住地后退，最后退到背水为阵的那支队伍里。赵军以为汉军露怯，更是杀得兴起，一路追来。赵、汉二军又一次短兵相接。赵国那些留守军营的士兵见了汉军丢下的旗鼓，果然倾巢而出，一面追击汉军，一面拾取汉军留下的旗鼓，以为军功。汉军因为后面是河水，无路可退，反倒殊死奋战。赵军虽然人多，一时也难以取胜。

这时，韩信先前埋伏的两千骑兵趁着赵军守军倾巢而出的间隙，杀入赵军军营，拔了赵营旗帜，换上了汉军赤旗。赵军与汉军苦战良久，见一时间不能取胜，正想收兵回营休整。忽然看见自己军营都插着汉旗，大吃一惊，都以为军营被韩信袭了，不由得乱了手脚，节节败退，四处溃散。赵军将领先前还斩杀了几个奔逃的人，以儆效尤，却哪里禁得住？汉军乘势里外夹击，大破赵军。成安君也丢盔弃甲，被斩首于泜水上，赵王歇被生擒。

韩信下令军中：不准杀了广武君李左车。有能生擒者，赏赐千金。

汉军大胜后，众将领们前来领功，向韩信庆贺。因问道："兵法上说，排兵布阵，右背山陵，前面和左面才是水泽。现在将军让我们背水为阵，可不是自绝后路？而且说破了赵国再用早饭。当时臣等都不信，胡乱应诺罢了，却果真胜了。不知道是什么缘故？"

韩信微笑道："兵法本为死物，用之在人。不然，大家都熟读几册兵书，岂不是人人为将，哪里还有什么贤愚？就是背水为阵，兵书上也是有的，只是大家一时未参透而已。兵法上不是说'陷之死地而后生，置之亡地而后存'吗？背水为阵，退无可退，此乃死地。赵军数十倍于我，我军置于死地，人人殊死为战，以一当十。若有退路，见兵少力寡，都往退路上跑，一盘散沙，如何破得了赵国二十万大军？"诸将听了，佩服不已，都说："将军用兵如神，非臣所及。"

说话间，军士通传说广武君已被擒获。韩信忙说带进来。不多时，一个人五花大绑地被推了进来。韩信一看，那广武君五十来岁年纪，清瘦面皮，下巴稀稀疏疏几缕胡子。只是经过一番鏖战，脸上还有几道伤痕，头发也有些散乱了。虽说是兵败被俘，倒没有颓然的神色，只是闭了眼，不说话。

韩信"哎呀"了一声，说道："岂有此理！本将军叫你们去请先生，如何拿绳索绑着？"忙迎上前去，亲自替广武君解了捆绑，让他坐了东面，自己坐了西面。这样的坐法是大有讲究的，古代弟子对老师才是如此的座次。韩信此举，显然是把他当成老师看待，自己执的是弟子之礼。

韩信恭敬地请教道："我想北攻燕，东伐齐，不知道如何才能成功呢？"李左车见他如此敬重自

韩信亲自为广武君松绑。

己，稍微改了先前傲然的神气，竟有些局促不安起来，说道："败军之将，何敢言勇。现在我不过是一个阶下囚徒，哪里能够谋划大事呢？"

韩信说道："先生这话就差了。与人谋事，成败有时也是由不得自己的。就像那百里奚，在虞国谋事，然后虞国亡了。在秦国谋事，秦国称霸，当然不是在虞国就蠢笨，去了秦国就聪明了。不过是计谋被人主听与不听，用与不用罢了。若是那成安君听了先生的计策，恐怕成阶下囚的就是韩信了。正因为成安君不用先生的计策，我这会也才得以侍奉先生。愿先生教我，不要以囚徒的话推辞才好。"

李左车听了韩信这些话，心内就有些活动。从陈余拒绝他的建议那刻起，他就明白兵败被俘虏的结局或许是注定了的。他又是个有点愚忠的人，赵氏世代在赵为将，做不出那些弃城而逃的事。他这次本抱着必死之心，不成想被捉后，韩信以师礼对待，说了这么一大篇话，突然就有知己之感。

他这会儿开口说道："我听说'智者千虑，必有一失；愚者千虑，必有一得'。或者我的话未必听得，就让我做一次那千虑的愚者吧。现在韩将军虏魏王，擒夏说，半个早上的功夫破赵军二十万，杀成安君，名闻海内、威震天下、锐不可当，此乃将军的长处。但是千里奔袭，人倦马乏，一旦燕国坚守不出，将军又不能破城，僵持不下，旷日粮竭，情势对将军就极为不利。齐国见燕国不能下，必然也坚守。更有甚者，二国暗自联合，趁汉军疲乏之际，里外夹击，那将军岂不是成了今时的智伯了？燕齐相持不下，牵一发而动全身。楚汉逐鹿，也就未能见分晓。何况今日刘汉本就处于下风呢？这就是将军的短处了。"

韩信再拜："愿先生指教！"

李左车说道："依我看来，善于用兵的人，当然是以长击短，断然没有以短击长的理。现在为将军打算，莫如暂时休养生息，镇抚赵国，先把这里稳下来，以为将军后援之地，最好重新立个赵王。同时陈兵燕赵边境，慑以威势，再派一介辩士捧着将军招降书，说以利害，暴燕之短，燕国必然不敢不从。燕国一旦不战而屈，再派使者去齐国，如法炮制，齐国也没有不服的理了。兵法上所谓'先声后实'‘先声夺人’，说的就是这个。"

韩信听了，说道："谨遵先生教诲。先生之言，让韩信茅塞顿开。"忙派人做了一篇文书，大意无非是说今汉军以席卷之势破魏、代，下井陉，不日将伐燕，燕地小兵少，无法坚守等话，不如早降，以免生灵涂炭。燕国见了韩信来的文书，果然顺势就降了。

于是韩信又写了一封文书，派了个使者报告汉王，同时请汉王立张耳为赵王，以便镇抚赵国。汉王刘邦收到了韩信捷报，同意了他的请求，立了张耳为赵王。张耳得了消息，忙来向韩信称谢。

项王听说赵国降了汉王，时不时派兵前来骚扰。赵王张耳、韩信前来救援，一面平定赵国其他城邑。此时刘邦那边形势吃紧，韩信见赵国已定，抽了一队人马前去增援。韩信这边整顿军马，做着攻打齐国的打算。

这日，韩信尚未睡醒。忽听得一声吵嚷之声，迷糊中听得有人直奔卧室内，与守卫喧嚷。心里不由大怒："好不晓事。我的卧室之内，岂容喧闹！军纪松懈如此，当军法处置！"忙披衣起身，绰剑在手，朝外奔去。抬头看见一人，正要发作。忽听那人说道："韩将军，近来劳苦，睡得倒是安稳！"

韩信定睛一看，那人生得龙眉凤目，皓齿朱唇，鼻下一缕髭须，脸上稍有疲倦之色，手里正拿着军符。韩信听声音甚是耳熟，反应过来，大惊失色，忙收了剑，跪下说道："臣不知汉王到访，请恕失迎之罪。"饶是韩信英勇，此时也有些惶恐，额头上冒了些汗珠。赵王张耳也闻声赶到，跪下连称死罪。

原来刘邦被项羽围困于荥阳，久不得脱。后来使了个计策，才和数十人逃了出来。逃到了宛、叶地面，和将军黥布收了散兵，奔入成皋。项羽穷追不舍，引兵又把成皋围了。刘邦被项羽如此追赶，狼狈已极。眼看成皋守不住了，刘邦仅和滕公二人逃了出来。东渡黄河，去了张耳驻守在修武的部队。原来汉时各地有供行人商旅休息的处所，叫作传舍。刘邦到了修武，就在传舍内将就住了一晚。天刚亮，自称汉王使臣，骑马驰入军营。见韩信未起，就在他卧室内夺了他的军印。那守卫哪里知道他是汉王，见他直奔将军营帐，并且夺了军印，正在发作，所以吵嚷了起来。

刘邦叫二人起身。韩信见汉王突然现身井陉，知道应该是吃了项羽的亏，不敢说什么。张耳一时不察，兼又吃了这一吓，口不择言，问道："不知汉王此来，为的是什么事？为何不派个亲近使臣，哪里用汉王亲自前来呢？"这话刚说完，才觉察出道理来了。他自觉失言，不由冷汗涔涔。

刘邦皱了眉头，笑道："叵耐项羽那厮追赶得我苦。听闻你们破了赵国，收了许多兵马，想来可重整旗鼓。和滕公一路吃了好多苦头，才过来了。"二人又连忙称死罪。

汉王刘邦收了韩、张二人的兵马，立刻命令张耳据守赵地，一面拜韩信为相国，带领一队兵马攻打齐国。韩信谢了恩，不敢停留，领兵东进，攻打齐国去了。

刘邦安排韩信去攻打齐国的时候，有个辩士叫作郦食其的，从旁劝刘邦，说现在燕、赵已定，只有齐国未降，只要齐国一降，天下人就知道大势所归了。齐国精兵二十万，宗室强盛，虽然汉王拥兵数十万，要破齐也是经年累月的事，日久则容易生变。说到这里，那郦食其自荐为说客，立下军令状，说必定能使齐王向汉王称臣。汉王因为近来被项羽追得走投无路，几次死里逃生，想着赶紧拿下齐国，收了齐国部队，以便扭转局势，于是说了"好"字。但刘邦也留了个后招，生怕郦食其不能成功，也就没有派人向韩信处说知要暂缓攻打的事。

哪知郦食其凭着三寸不烂之舌说得齐王点头称是，答应向汉俯首称臣。齐国防着汉军的守备也松懈了，齐王田广日日与郦食其在王宫里纵酒为乐。

韩信引兵东进，还没有渡过平原津，得了汉王派遣郦食其已经说下了齐国的消息，打算引兵返回。这时他身边一个叫蒯通的谋士说道："将军受命攻打齐国，汉王虽然派遣使者说下齐国，难道有下令让将军停止么？况且郦食其不过区区一个狂生，凭着三寸之舌，不一日下齐七十余城。将军带领士卒数万，一年多才占了赵国五十余城。征伐数年，难道还不如一个迂腐书生的功劳么？"

韩信听了，醍醐灌顶，恍然说道："你所言甚是。"于是渡过黄河，先破了历下城的齐军，一战直逼齐国都城临淄（今山东淄博）。齐王田广以为郦食其言而无信，出卖了自己，将他烹杀了，而后急急忙忙逃到了高密（今山东高密），修书向项羽求救。韩信趁势收了临淄，然后引兵去高密追击田广。

项羽得了信，忙派遣大将龙且领了一支兵马前来救援。韩信和龙且、田广的人马分别在潍水两岸驻扎下了，摆开了对垒的阵势。

龙且乃是项王底下第一猛将，多年征战，也是立下了汗马功劳的。龙且刚扎下营寨，就有谋士说道："汉军此时锋不可当，不如暂时避其锋芒，坚守不出。让齐王派遣心腹去说服齐国降汉的城池。那些人知道齐王尚在，又有我们楚国的救援，一定反汉归齐。汉军奔袭千里，又是客居，日子一久，粮草不支，定然不战而退。楚、齐二军合力追击，当大获全胜。"

龙且说道："我向来知道韩信为人，不过是个田舍小儿罢了。当年连个市井无赖都怕，受了胯下之辱，可见不足为意。况且项王派我救齐，不战而胜，算什么功劳！"于是不听，决意要与韩信厮杀一场。

韩信派人做了一万个沙袋，堵塞了上流河水，一切准备停当后，引兵渡河。两军交战，韩信诈败回走。

龙且藐视说道："我早知道韩信最是个胆小不过的。"于是引兵渡水追击。这时，韩信让人决了上游的沙坝，潍水突然暴涨。龙且的军队只上岸了一半，另一半才渡河的早冲走了大半。韩信领兵杀了个回马枪，乱军之中杀了龙且。齐王田广趁乱奔逃，韩信追至城阳，将他俘虏了。

到了汉高祖四年（前203），韩信平定了齐国。蒯通向韩信说道："现如今齐国已定，天下要冲之地也没几个了。大王不如向汉王请立为齐王，以镇抚齐人之心。"韩信和李左车商议，李左车也非常赞成。韩信就派了蒯通向汉王说道："齐国伪诈多变，南边又与楚国接境，不若立一假王以镇守，恐怕有反复。为了便宜行事，臣请立为假王。"

那时候刘邦刚破了成皋，占了荥阳，将楚将钟离眛围困于荥阳城东。项王引兵救援，汉军听闻，躲入荥阳不敢出。刘邦正在苦闷，见了韩信请立为齐王的书信，跳起脚来，大骂道："田舍奴，我被困于此，日夜盼望你来解救，你却想着自立为齐王，岂有此理！"张良、陈平在旁，在桌案底下悄悄踩了踩汉王的脚，附耳说道："我军现下不利，能禁得了韩信称王吗？当今用人之际，不如顺着他的意思，立他为齐王，以示大王安抚之意。不然，容易生变。"

刘邦明白过来了，脸上不露声色，接着骂道："大丈夫立功封侯，要做就做个真王，弄个假王做什么！"随即派遣张良去齐国立韩信为齐王，同时向韩信征了一支队伍，协助击楚。

项羽失了龙且，而之前亚父范增也在赐还回乡的路上因背部发了疽疮而死，底下的良将谋士已经不多，不过钟离眜、项伯数人而已。况且燕、赵、齐、魏等地尽被韩信攻破，都归属了汉王，情势渐渐对自己不妙。于是项羽派遣盱眙人武涉前往齐国，试图说服齐王韩信反汉归楚。

武涉见了齐王韩信，施了礼。然后对韩信说道："秦王暴政，天下英雄揭竿而起，勠力破秦。

秦破，论功行赏，裂土封王，本以为就此太平了。不想汉王不知餍足，不安于蜀，引兵东进，意图独霸天下。所以连年来征战不休，百姓苦不堪言，却不是当年揭竿起事的初衷了。况且刘邦名为仁义，实则无赖小人，几次都在落在项王掌中，项王不忍杀他，而他一旦逃了性命，则背弃前约。这样的市井之徒，如何值得大王信任？"

武涉说了几句，见韩信不为所动，继续说道："现在大王自以为和刘邦交情深厚，不过是因为大王尚有用处，一旦无用，终将为他所擒。况且我也听说，大王立为齐王，本非刘邦本意。刘邦见了大王书信，勃然大骂，还是张良从旁提醒，大王才侥幸做了齐王的。所以说，刘邦能容大王逍遥至今，不过是因为项王尚存的缘故。如今楚汉争霸，关键在大王身上，大王归汉，则汉得天下；归楚，则楚得天下。假如项王今日灭亡，下一个便是大王了。大王与项王本来是故人，何不反汉与楚国联合，三分天下？错了这个时机，追悔也是不及的了。"

韩信答道："我在项王麾下，不过是个郎中，言不听，计不用，所以背楚归汉。汉王设坛场，斋戒数日，授我大将军印，给我数万精兵。解了自己的衣服给我穿，将自己的珍馐赏赐于我，言听计用，才有我韩信的今日。汉王如此对我，我再背叛他，恐怕不祥，叫天下人都骂我是不仁不义的小人了。请为我婉言谢绝项王好意吧。"

武涉见韩信不为所动，只好回去禀告项王了。

蒯通也知道天下归属取决于韩信，想要说动韩信。一日，蒯通光着脚，散着发，腰上胡乱系了个麻绳，提了个算命招子，径直来见韩信。韩信见他这般模样，笑问："先生你怎么如此打扮？"

蒯通说道："臣年轻时云游四方，曾遇异人，传授了些相人之术。"韩信问道："不知先生相人之术如何？"蒯通道："我这相人之法，与常人的不同。"

"如何不同？"

蒯通说道："我相人不看天庭隆准，也不看地角土星。"韩信笑道："先生相术，奇怪得紧。不看这些，那看什么呢？"

蒯通说道："只看三样：人的贵贱，在于骨法；人的忧喜，在于容色；人的成败，在于决断。三者彼此参验，无有不准的。"韩信便说道："好。

不知道先生相我是如何呢？"蒯通把眼往周围一睃，回答道："此地不是说话处。"

韩信向周围随从服侍的一干人等说道："你们暂且退下。没有我的吩咐，谁也不准进来。违令者斩！"底下的人都退了。韩信说："先生但说无妨。"

蒯通于是说道："相君之面，不过封侯而已，而且不甚安稳。相君之背，贵不可言。"这蒯通打了个哑谜。所谓"相君之背"，意思不过是说，假如韩信背汉自立，有可能贵为天子。韩信这话听得明明白白，却故作不知，嘴上问道："先生，此话怎么说？"

蒯通说道："秦国无道，苛政猛于虎，暴虐百姓。陈涉首先发难，率着一众戍卒起义于大泽乡。此后英雄俊杰振臂一呼，天下之士云集响应。当时不过也为了灭秦国，求个活路而已。现在楚汉纷争，数年来相持不下，使那天下的百姓肝脑涂地，流离失所。夫妻离散，父子骸骨暴露沙场，路上尽是饿死之人，也未见得比那秦国的日子好些。天下之人盼望着一个贤圣的人，就如同旱时盼望着甘露一般。大王何不顺势做了那百姓眼中的甘露呢？和楚汉三分天下，鼎足而立。以大王的贤能，士卒又多，占据着齐国，在内顺应民意，休养生息，在外树立诸侯，以为羽翼，天下大势，当归于齐国。所以臣才说'相君之背，贵不可言'。况且古语说'天与弗取，反受其咎'。愿大王为了天下百姓，多加留意。"

韩信皱了眉头，说道："汉王待我甚好。所谓'食人之禄，忠人之事；衣人之衣，怀人之忧'。又有句话是'士为知己者死'。汉王对我，可谓是知己了。寡人如何肯为了私利而背弃汉王？"

蒯通说道："大王此言差矣。近的如常山王张耳和成安君陈余。他们二人未发迹时，交情深厚，结为刎颈之交，天下传为美谈。后因张耳被围于巨鹿，陈余坐视不救，二人反目。大王及张耳领兵东下，那张耳亲手斩陈余于泜水之上，二人相残至此，成为笑柄。正所谓'人心难测'。大王认为与汉王的交情，比得过张、陈二人的交情吗？然而他们也不免兵刃相见，大王认为汉王必定不会加以危害，实在是大谬不然。远的像大夫文种，辅佐勾践成一代霸王，立功成名后，不免被越王赐死。野兽尽而猎狗烹，飞鸟尽而良弓藏。大王难道想成为汉王的猎狗么？"

韩信沉思良久，不发一语。

蒯通又说道："俗话说'勇略震主者身危'。大王虏魏王，擒夏说，引兵下井陉，诛成安君，以席卷之势平定赵、燕、齐三地。又杀龙且，破楚军二十万人，功盖天下，当世并无二人。反观刘邦，被项王追杀得惶惶如丧家之犬。将大王立为齐王，并非汉王本意，不过是为了安抚而已，这是微臣亲眼见的。大王身为人臣而有震主之威，名动海内，刘邦岂是度量宽大的人？大王虽然现在贵为齐王，实际危如累卵。愿大王早做决断。"

其实韩信也知道刘邦对自己有忌惮之心，却总觉得自己劳苦功高，为汉王立下了汗马功劳，刘邦还不至于赶尽杀绝。汉王现在的基业也是一干文臣武将打下来的，真要拿他下手，其余人岂不是人心惶惶？哪里个个都杀得尽？况且他自己也留了后路，占了这齐国，正是为了以防后患。韩信这般想了一通，对蒯通说道："先生之意，我已经知道了。先生不必再谈。"

过了几日，蒯通又来觐见。对齐王韩信说道："大丈夫处事，当断则断。稍有迟疑，则前功尽弃，乃至害了身家性命。况且大丈夫处世，当仁不让。守着这区区之禄，哪里就满足了呢？眼下千载良机，难得而易失。愿大王长远考虑，不要因小失大，到时候便追悔莫及了。"

韩信狐疑不决，不忍心背弃汉王，自以为功劳甚大，汉王不会夺了他的齐王之位。于是还是说从长计议的话。

蒯通听了，长叹一声，心下说道："竖子成事不足，败事有余。"于是告辞去了。蒯通去了又想："这韩信若得长久无事便好。如若不然，我几次三番劝他反汉，将来出了事，追及前事，难保不牵连于我。既然如此，我还留在这里做甚！"

他打定了主意，也不向齐王韩信辞行，选了个机会逃走了。

汉高祖五年（前202），刘邦下令韩信引兵出齐国，与汉王及各诸侯合兵共击楚国。一共是五路兵马：打头阵的是齐王韩信，引兵三十万。韩信的部下叫作孔熙的居左，另一个叫作陈贺的居右。汉王在后，绛侯周勃、柴将军在汉王身后。项王自从失了亚父范增、大司马曹咎、塞王司马欣和大将龙且之后，渐渐露出衰败的气象来。尤其是龙且之败，楚军被韩信杀了二十万，兵马也不足。这时他只剩下十万军马，被汉王五路大军水泄不通地围困在垓下（今安徽蚌埠垓下村）。

韩信先与楚军交战，不能取胜，引兵后退，也使楚军人倦马乏。孔熙、陈贺二人又引兵掩上，杀了一阵，楚军渐渐不利。韩信趁机引兵再次杀将过来，项羽期数已近，大败于垓下。项羽被围垓下的时候，夜中听到汉军都唱起楚国的歌谣，以为汉军得了楚地所有城池，乃奋力杀了条血路出逃。汉王部下灌婴追杀项羽于城东，斩首八万，楚军损失殆尽。

项羽逃至乌江边，乌江亭长划了条小船在江边，力劝项羽东渡，以待他日东山再起。此时江边就他一条小船，汉军无舟可渡，时机正好。项羽迟疑了一会儿，长叹一声道："天欲亡我，东渡又能如何！况且当年八千江东子弟随我渡江，现在无一

项羽乌江自刎。

人随我回去。即使江东父老怜悯我，尊我为王，我又有什么面目见他们呢！"

于是将胯下宝马赠给乌江亭长，下令仅剩的一队人下马步行，杀入汉军阵中。项王一人斩杀汉军数百人，自己也身负十余处重伤，最后自刎而死。

那强盛的楚国以及那英雄盖世的西楚霸王就此陨灭了。

项羽败亡后，韩信驻扎在定陶（今属山东菏泽）。还未来得及休整，汉王下令召见齐王，献功庆赏。韩信卸了甲胄，就随传话的使臣去了。君臣一众人等，因杀了项羽，天下大事已定，喜气洋洋，纵酒言欢不提。

原来这不过是汉王的调虎离山之计。趁着韩信应诏庆赏的功夫，汉王派人持了诏书，驰入韩信驻扎在定陶的军营，夺了韩信的军队。如果有反抗不从的人，刘邦命：

"格杀勿论！"

下邳高会

"飕"的一声，一支箭矢夹着劲疾的破空之声直窜云霄。

淡漠的天空上，一行雁阵正好掠过。说也奇怪，那箭恰如长了眼睛似的，不偏不倚正射中领头的大雁。只听得一串嘶哑的叫声，那只雁一头栽在远处。

围观的人群爆发出一片赞叹之声。

"还不快去给大王取来。"

说话的是一位老者，年纪约莫五十有余，深紫色面皮，颔下一部花白长须，虎背熊腰，一身铠甲披银，胯下是匹枣红色骏马，鞍辔鲜明，甚是威武。话音未落，一位随从士卒"喏"了一声，飞也似地去了。

那白须老者向身旁一位勒马而立的年轻人说道:"大王射术高妙,今日叫老夫大开眼界。"

那年轻人手里执了弓,很显然刚才那一箭是他射的。他年纪稍轻,二十多岁的年纪。一样的深紫色面皮,一双虎目炯炯有神。只见他冠带整齐,身披白貂裘,神态严毅之下透着一股雍容。坐骑是一匹高头大马,毛皮乌黑发亮,显然亦非凡品。

此时他眉头一挑,微笑道:"钟离将军谬赞,寡人何以克当。久闻将军箭法高超,今日本王如果有幸得见,也不枉此行了。"说完,哈哈大笑。

那老者迟疑一会,想着话都说到这一步,如果推却反显得不恭了,于是接口道:"大王既如此说,老夫就献丑了。"说毕,从随从手中接过一张弓来。

年轻人问道:"将军用几石弓?"

"三石。"又接着一句,像是自言自语,"也不知拉不拉得动。"

年轻人微笑道:"将军神力,何必过谦!"

老者从箭壶中拔了支箭,拽满弓,觑得切近,

"飕"地一箭，往雁阵上射去。风高箭疾，竟然没射中。只听一头大雁"呀"的一声，落下几根翎毛。

年轻人笑道："可惜！可惜！而今方知岁月无情。将军怎样神勇，也是抵不过。"

老者听了，面色淡然，说道："大王面前，老夫何敢逞勇。"年轻人听他话头，似乎话里有话，又问道："将军此话怎么讲？"老者道："大王先恕匹夫无知之罪，老朽方敢说。"

年轻人道："将军但说无妨。"

老者言道："射箭之道，不过一个'熟'字，但真正高妙之处，在于中与不中之间。"

年轻人皱了皱眉，忙问道："此话怎讲？"

"大王请跟我来。"说完，打马上前，朝着远去的雁阵追了过去。那年轻人也拍了拍坐下良驹，马儿一声长嘶，四蹄翻盏，腾云似的跟着前去。不过几箭之地，那老者止住马，又取了支箭，搭在弦上，说一声"着"，迎着大雁射去。那箭去势虽疾，这一次又将将从先前那头大雁身边飞过，也是不中。那年轻人正欲发笑，只见那雁悲鸣着从空中

钟离昧演示箭术。

翻落下来。

年轻人大惊。不一会儿，拊掌笑道："将军箭术神乎其神，实乃天授。寡人自叹不如。"

原来那头大雁在第一箭时已经受了点伤。听得第二箭来势劲疾，挣着飞高，不想把伤口扯得大了，加上受惊过度，一个不稳就翻落下来。年轻人这才恍然大悟：这两箭接连射偏都是那老者有意为之，赞叹不已。

老者长叹一声："木折巢坠，失伴惊弓。恐怕我正如这只惊弓之鸟吧。"

年轻人皱眉道："钟离将军这般说，可是寡人有不周到的地方？"

老者一听，脸色倏变，忙翻身下马，跪道："老朽失言，请大王恕罪。"年轻人随着下马，扶他起身，笑道："将军何须如此，快快请起。"老者道："大王仁厚，老朽感佩于心。若非大王收留，老朽戴罪之身，天下之大，竟也无容身之地。"

那老者叫作钟离眛。这时正是汉高祖五年四月间，自从去年项王垓下兵败身死，汉王刘邦统一天下后，项王底下的那些臣子们死的死，逃的逃。

钟离眛当时是楚国大将，战功赫赫，屡次与刘邦对垒。也正是去年，刘邦被围困于荥阳，几乎性命不保。项羽阵中为首的是两个，一个是龙且，另一个就是这钟离眛了。所以当刘邦大事已定之后，每每想起项王阵营中诸多宿敌，别的人还好，第一个恨得牙痒痒的就是这钟离眛。况且钟离眛在楚王旧部中威望素来很高，带兵打仗的功夫就连刘邦自己也是佩服的，自己帐下能匹敌的恐怕只有韩信了。项羽、范增、龙且诸人已死，只有钟离眛不知所终，所谓"斩草不除根，春风吹又生"，终究是心腹大患。于是刘邦发布文书，画影图形，满天下缉捕钟离眛，必将其除之而后快。

那时钟离眛隐姓埋名，栖身于一个叫伊庐的小地方。眼见得情势越来越危急，伊庐是存身不住了，想起韩信与自己有旧交，想去投奔，但又怕那里不敢收留，反将自己捉拿了。心下正在踌躇，拿不定主意，不想韩信派人来请，虽然不知他葫芦里卖的什么药，但心想反正是个死字，不如撞撞运气。不想韩信虽然高居王位，倒是很念往日的情分，款待得甚为优渥，出有车，食有鱼，礼仪很周到，全然不把他当成被缉捕的逃犯看待。而且韩信把他收留下来也是担着风险的，就冲这点来说，他由不得不感激。然而自己终究是寄人篱下，所以狩猎时看到那些返程的大雁，触及心事，忍不住感慨了一句。他虽是一介武夫，项王向来是猜疑的人，待得久了，也造就了他谨小慎微的性格。刚才那句话甫一出口，立刻觉得不妥，所以忙下马请罪。

那年轻人正是楚王韩信。三个来月前他还不是楚王，而是齐王，掌管着齐国故地。项羽刚被灭，刘邦就夺了他在齐国的军队，然后将他迁居在此。虽然爵位没有变化，到底是换了地方，情形大不相同了。齐地自古富庶，人口众多，是天下必争之所，这是楚地无法比的。虽然楚国是他的出生故地，也有些衣锦还乡的兴奋，心里却还是免不了有些怅惘。

这几天下了几场好雪，今日天放晴，难得的好日头，所以约了钟离眛出来打猎，散散心。跑了半天，不过是打到了一些野鸡、野兔、獐子之类，大的如野猪、麂子则一点影子都没有。尚未尽兴，抬头看到一行大雁从头顶飞过，不由兴起，张弓搭箭，头一箭就射下一只来。不想钟离眛箭术更胜一筹，心里想道："倒是小瞧他了。"此时有些兴味索然。

这都是肚里的算盘，面上还是要说漂亮话。钟离眛话音刚落，韩信便哈哈笑道："将军何出此言！你我故人，现如今将军处于危难，我哪有袖手旁观的道理。"然后吩咐随从把钟离眛射的大雁取来，启程回宫。吩咐已毕，拉着钟离眛的手说道："钟离将军请上马。我们启程吧。晚上大开宴席，我要和将军痛饮一番，不醉不归。"说完，又是一阵粗豪的笑声。

此时还是四月间，天气尚寒。钟离眛几缕花白的胡须在风中飘动，脸也冻得有些红。他也打了声哈哈，说道："谨遵大王钧命。"

二人上了马，勒转马头，缓缓前行。一行浩荡的队伍迤逦尾随在身后，旗帜迎风猎猎作响。在白雪皑皑的原野里，细如被雪覆盖的一簇簇山头，越来越小。那行丢失了同伴的大雁，也早已消失在茫茫的尽头。

晚宴准时开了。他们还在回来的路上时，底下早已有人传令宫中大具酒肉，精治肴馔。参加晚宴的都是跟随韩信多年的旧人，所以说话也畅快。酒过三巡，韩信说道："钟离将军，请满饮此杯，寡人为将军祝寿。"

钟离眜连忙起身，回答道："谢大王。"一扬脖子，咕咚一声干了。

韩信望向右边首座的李左车，说道："先生，寡人觉得钟离将军倒有点像我们的一位朋友。不知先生认为像谁？"

李左车听了楚王的话，微微一笑，捋了捋颔下几根胡须，说道："依臣看来，仿佛有樊哙大将军的风采。"

韩信笑道："寡人与先生想到一处去了。可惜樊将军不在，不能一起快活。他也是爽快的人，极好相与的。"

他们话里说到的樊哙也是刘邦手下的一员猛将，此时已封为舞阳侯。他早年是个杀狗的屠夫，刘邦未发迹之时就一直追随左右，二人混得斯熟，曾一起隐藏于芒砀山，待时而动。秦二世二年，刘邦先攻入关中，封关自守，引起项羽不满。项羽兵临城下，刘邦和张良、樊哙等率领一百多人赴鸿门请罪。宴席上，项羽的谋士范增授意项庄舞剑，想伺机刺杀刘邦。危急之时，樊哙手持盾牌闯入营帐，怒发冲冠。项羽见到如此勇猛之人，也为之吃惊，称他为"壮士"。于是解了刘邦一时之困。

韩信把钟离眜与樊哙比，当然是夸赞之意，但这话在钟离眜听来，心里却五味杂陈，他暗自想道："樊哙屠狗出身，也没什么了不起，论起带兵打仗，自己不会输他。现在他是功成封侯，自己却落得江湖流离，要仰人鼻息，可见成王败寇的话，是错不了的。"

转念又一想："即使是韩信，当年在项羽手下也不过是个郎中，品级低微。现在也做了楚王。"念头这么一转，顿时有些失落，嘴里说道："老朽戴罪之身，得楚王庇护，才稍有安身之地。怎么敢和樊将军相比。比不得！比不得！"

韩信道："将军过谦了。当今陛下知人善任，也不是气量狭窄的人，不然也没有寡人今日的结果了。等过阵子风头过去了，寡人再想法子，在陛下身边递些好话，事情或许有所转机也未定。当今天下初定，还是用人的时候。退一步说，有寡人在，将军只管放宽心。陛下不用将军，寡人还有用将军处。今日且不说丧气话，只管喝酒。"

左右都应道："对，对！只管喝酒！"

一时间酒酣耳热。大家都有了些酒意。韩信看着曼舞轻歌的舞女们，忍不住从席上下来，摇摇晃晃加入她们，说道："今日良宵。寡人为诸位姑且赋诗一首，以助酒兴。"

大家似乎摇摇晃晃地应和"好"。韩信合着那节拍，吟道：

> 大风起兮战鼓响，
> 振臂高呼兮纵横四方。
> 潜龙兮毋用，
> 大丈夫兮安能久居一隅？

这时候，音调突然变徵为商，语调怆然。韩信继续吟道：

> 时不我待兮涕下，

壮怀激烈兮伤悲，

美人妙曼兮清歌，

聊饮美酒兮且为乐。

　　唱罢，哈哈大笑，一饮而尽。然后回头问道："将军看我这些美人如何？"钟离眜有了酒意，恍恍惚惚的，如同往日和西楚霸王项羽饮酒纵情之时。不觉脱口说道："虽然都是绝色，但比之项王帐下的虞姬，还是差些。"

　　韩信有点不悦，皱了皱眉，道："都说虞姬乃国色，名动天下，可惜垓下之围也香消玉殒了。项王坐下的乌骓马，虽然给了乌江亭长，毕竟此驹不是凡物，岂是他能受用的！陛下后又得之，赐予我。否则的话，虞姬怕不也一并赐我了吧。再说了，楚国之大，怕找不出第二个虞姬来？"

　　钟离眜道："项王是不世出的英雄，就是刚愎自用了些，所以是这个结局。虞姬也是个奇女子，不多见的。"韩信有些不耐烦，道："死人的话，今日不提它也罢。"

　　李左车见刚才韩信赋那首诗时，就觉得不太妥当。虽然在场都是心腹人，难保隔墙有耳。况且楚王的话实在是僭越了，尤其此时是刚从齐国迁到楚地，已经是刘邦不放心的征兆，当然更要小心。他起身说道："微臣也要献丑，为大王祝寿，为诸位侑酒。"韩信说："好！这样才有趣！"

李左车顿开喉咙，只听他念道：

> 蟋蟀在席，岁遹云落。
>
> 今夫君子，丕喜丕乐。
>
> 日月其迈，从朝及夕。
>
> 毋已大康，则终以祚。
>
> 康乐而毋荒，是唯良士之懼懼。

这首歌说的还是辽远的周武王时候的事。周武王八年，讨伐黎国后凯旋，在庆功夜宴上君臣酬酢唱和，武王向毕公和周公献酒，作诗两首。周公回敬毕公和武王，作诗两首。周公正待饮酒，见堂上突然跳出一只蟋蟀，心中有所触动，所以作了这首《蟋蟀》。这首诗无非是劝谏武王不要过于放纵康乐，而要谨慎敬戒的意思。韩信听出李左车的劝诫之意，只是说："好。先生难得的雅兴，不要辜负了。我们干了此杯罢。"

李左车一口气也干了。接着说道："天气也不早了。微臣今日也乐得很了，不胜酒力。大王明天还有要事呢。况且再晚了，夫人又要悬心。"

韩信听了这话，说道："先生所言极是。今天就到这吧。你们且安排妥当，送钟离将军回下处，不可怠慢。"

钟离昧称谢不已。

韩信回到寝室，陈氏服侍韩信睡下了。韩信因为有了酒，一时没睡着，迷迷糊糊的。他仿佛还骑着那匹乌骓马，去追赶猎物。平野里越走越空旷，身边的随从也不见了。忽见一个身穿铠甲的人满脸血污，手持宝剑，不知从哪里冒出来，拖着声调说："还我马来。"韩信只是发急，打马就跑。那马先前还一动不动，忽而反朝着那人去了。钟离昧此时出现了，韩信大喊"钟离将军救我！"钟离昧哈哈笑着，接着说出"虽然绝色，不如虞姬"几个字。韩信朝前面的人奋力刺去，刺了个空。又听到有人在身边咿咿呀呀地唱，像女子的声音。他嘴里呜呜叫着，一挣扎，睁眼看时，还是在寝宫之中。天已蒙蒙亮了，才知道是做了个梦。

陈氏醒了，问道："大王，可是做了噩梦了？"韩信"嗯"了一声，延捱到天大亮。陈氏早已起来，服侍韩信洗漱。

韩信因为昨夜的梦，心里有些惴惴，虽然佳肴满眼，也食而无味。

此时底下人通传李左车来了。李左车见了韩信，正要施礼，韩信说又不是在朝中，免了。问道："先生昨晚睡得可好？"李左车答道："还好，就是有些中酒了。"韩信问道："前几天说起的事，安排妥当了吗？"李左车道："都妥当了。"

他们口中所说之事倒也不是了不得的大事。不过是韩信想着自己如今贵为楚王，想起以前贫困之时，有一些想要报答的人，有一些未了的账罢了。

韩信又问道："不知道宫室营造得如何？"李左车道："招工匠的榜又发了一次，务必都是楚地最好的匠人。就是……"韩信说道："先生有话但说无妨。"李左车说："别的倒好，就是过于奢华了些。楚国虽是大王故土，现如今还是低调些好。"

韩信突然想起昨晚的梦了，甚为不悦，说道："先生既如此说，将那图样酌情修改一下就是了。当然，也不必大改。"李左车称诺。

这次韩信封为楚王，都城定于下邳。这下邳也算积年的古城，当年还是齐威王封相国邹忌为下邳侯的治地，下邳侯的旧宅子还在，却早破败了。几年前，项梁渡淮时军队还驻扎在这。饱经兵燹的这个地方，没有个像样的住处。韩信无法，此时暂栖身于下邳的衙署，居处不甚方便。所以老早就请人画了宫殿图样法式，安排能工巧匠营造。

待李左车走后，韩信跟陈氏说："今天估计有些有意思的事。你要是得闲，可来衙内屏风后看觑。"陈氏笑道："什么有趣的事？"韩信说："见见故人。"陈氏说："臣妾一介女流，还是不去得好，免得惹人非议。真要有趣，待大王回来讲给臣妾听，也是一样。"

韩信武弁出身，除了燕居等闲暇时，正式场合还是习惯一身铠甲戎装。加之昨晚的梦，回想起来心神不宁，就想着还要李左车多找几个亲信的士兵作为随从，以备不虞。陈氏服侍他穿着停当，一众亲兵早早在外候着。他们住处在衙署后院，并不太远，穿过几道回廊，就来到一个还算恢廓的院子，前面就是衙署了。虽然有些破旧，好在屋宇阔大，修缮一番后，也添了一些朝堂的气象。韩信早望见衙堂上两排军士，也是铠甲着身，整齐坐定。李左车在右首第一个。远处人群里面，好像有几个平民的模样，瑟缩站着。

韩信坐定，说道："老太呢？"人群中推出一个老妪，头发斑白，年纪七十有余，下了跪，说道："老妇人是大王治下平民，向来遵守法纪。虽然底下的儿孙们不成器，浪荡顽劣，也不曾做下作奸犯科的事。不知大王召见老妇人，有什么见谕呢？"

韩信赶紧下席，把老妪扶起，说道："你抬起头来，看看我是谁。"那老妪抬了头，似乎认得，似乎又不认得，说道："大王好生面善。老妇人有了年纪，老眼昏花，一时想不起来了。"

韩信笑说："是我，韩信。"老妪眯着眼，打量了一番，"啊"了一声，说道："原来是你。不想王孙终于也发迹了。"说完，老眼里淌下几滴眼泪来。周围的人也有陪着落泪的。

那老妪原来就是当年对韩信有一饭之恩的漂母。韩信年轻时受过她的恩惠，他这会儿迁为楚王，就想见老妪一面，以报当年之恩。只是诸事缠身，一连几个月竟不得空。而且年深久远，不知道那漂母还在不在世。后派人细细查访，得了她的消息，大喜过望。

韩信说道："多年不见，寡人时常挂念。当年赐饭之恩，没齿难忘。近来可好？"老妪说道："托王孙的福，身子骨还好，就是头发白，眼睛也不济事了。"

韩信问道："还做漂丝的生计吗？"老妪道："前些年还做，现在做不动了。好在底下几个儿子、孙子都成了人。现在仗也不打了，也过得去。"韩信笑道："还记得寡人日后重报的话吗？"老妪也笑了。她这一笑，露出满嘴缺掉的牙齿，说道："老妇人这会儿也知足了。没有什么可要求的。老妇人那时就说了，让王孙寄食，也不是图报答的。哎哟，不想王孙今天竟成了楚王。"

李左车从旁说道："老太，大王的话一言九鼎。大王说报答，哪里是儿戏呢。"老太听后，脑袋歪在一边，抬眼向上望着，想了一会，说道："假如我那死鬼老头还在，说不定有什么愿望。不过他现在也死了。老妇人也不能替他想了。我有几个不成器的孙子，王孙可以提携，也好叫他们见见世面，晓得老妇人我也是有用处的，竟然认识楚王。"说罢，掩着干瘪的嘴笑了。

韩信说道："这个好说。要不让他们入宫做个护卫吧。"老太听了，要给韩信跪谢。韩信拉住，说："老婆婆，你来一趟也不容易，暂且在这住上些日子吧。尊府里寡人会安排人说知。回去时再赐你千金，颐养天年。"老太嘴里喃喃不停，说道："这是哪辈子的福气呢，可折煞老妇人了。"韩信吩咐带到后堂，好生款待。然后对老太说道："你暂且休息，寡人还有些事要处理。"那老太随着人退下去了。

底下一男一女抖颤不已。韩信重新入了座，说道："南昌亭长夫妻两个在哪？"话音刚落，一对男女登时跪下了，磕头如捣蒜，嘴里不停说道："大王饶命……饶命。"

韩信道："你们两人可知罪？"两人异口同声说

道："贱民知罪！贱民知罪！"韩信指着那亭长说：
"你说知罪，那你说有什么罪过？"

这南昌亭长与韩信也是旧识。韩信早年在他那里寄食，一连好几个月，亭长倒没说什么，但他妻子心生厌弃得罪了韩信。而后韩信仗剑从军，四处征战，彼此再也没有见过。

南昌亭长眼见得韩信征南逐北，立下汗马功劳，怕他日后报仇。那时楚汉争霸，打得难解难分，项王占了上风，这里人心所向的当然也是项王。他自我安慰道："天下鹿死谁手，尚未可知。假如项王得了天下，韩信是汉王的人，怕也没什么好下场，自己自然安枕无忧了。"哪里想得到是汉王得了天下呢。这时他又安慰说自古不怕官，只怕管。韩信在齐国为王，管不到自己头上，哪里又料得到韩信又会做了楚王的呢。自从消息传来，夫妻二人终日惶惶不安，他免不得怪妻子妇人见识，不然也不会有今日之患。一看连着几个月都没见韩信那边的消息，想着韩信如今身份不同，大人大量，或许早把这事忘了，自己是杞人忧天了。两颗悬着的心稍稍放下，却不想这时楚王手底下的人就来了。

南昌亭长磕头道："臣知罪了。望大王开一线之恩。"韩信生气道："你说知罪，你且说有什么罪？"南昌亭长面如土灰，一时答不上来。韩信道："先打三十鞭子。"左右的人听了，如狼似虎的一群人褪去他的中衣，一五一十地打了个实数，打得皮开肉绽，鲜血淋漓。

韩信说道："寡人来说你的罪过。为吏一方，贱士而贵货，这是你第一条罪过。为善不为彻，这是你第二条罪过。乾纲不振，听信妇人之言，这是你第三条罪过。"

南昌亭长夫妻两人唯有磕头而已，把额头都磕破了。韩信说："刑也受了，寡人念在旧日的情分上，姑饶你一回。不过，你去后，第一件事就把那妇人休了。"

他们两人一听有命可活，松了半口气。接着听到要休妻，迟疑起来。不过想到小命要紧，嘴里说道："微臣无有不依，回去就休了。"韩信说："赐他一百钱。"南昌亭长说道："大王不杀小人，已是天恩，哪里敢要大王赏赐！"韩信说道："寡人赏罚分明，这一百钱权当旧日饭食之资。"南昌亭长收了，二人就含羞忍耻地退下了。

这时只见一个人"噗通"一声跪下了，磕头叫道："大王饶命。"韩信故意问道："哦，这位是谁呀？我竟然不认得。"那人脱口道："信哥儿……哦，大王，是我，我是张毋啊，淮阴城西卖狗肉的张屠夫的儿子。"韩信说道："哦，原来是你。怎么成如今这般模样了？"

只见那张毋衣衫褴褛，面色黝黑，脸上留着未痊愈的伤疤，全然不像以前的样子。张毋见问，自觉羞惭，把个黧黑的面皮都涨红了。原来秦末英雄并起，兵戈不断，淮阴地面也发生了几场战事，十室九空，把那些原来的太平之人都变成了流离之犬。张毋家本来是大户，免不了要受那些带兵的勒索，张屠因为不从被一刀杀了，那张毋家也就慢慢落魄了。这回知道韩信做了楚王，想起当年为难他的事，尤其是让他从自己胯下爬过去，害怕他来报仇。本想逃了去，但实在又无处可去，提心吊胆地过了些日子，还是被韩信的人一条绳子绑来了。

他那时抱的唯一的希望就是楚王能看在以前相

识的份上，饶了他一命。但看到楚王对漂母、对南昌亭长爱憎分明的态度，深感不妙。他顾不得许多，也不回韩信的话，只是磕头，哭丧着嗓子不停地说"饶命、饶命"的话，殷殷的血从额头上流下来。

楚王韩信说道："这就奇了。寡人和你是少年玩伴。这么些年不见，应当好好叙旧才是。怎么一见面就求我饶命呢？"张毋听了，不明白楚王是真心话还是玩笑，只得说道："小人当年有眼无珠，开罪于大王。罪民有犯天威，求大王开恩，不跟罪民计较。"韩信说道："你自称罪民，到底犯了什么罪呢？"张毋听了，想到若是当着众人的面，揭了韩信过往的伤疤，一旦他震怒起来，自己就更没有活命的机会了。因此嘴里嚅嗫着说："这个……这个……"

李左车这时说道："大胆草民，如何不回大王的话。来人，先打他二十军棍再说。"军士们领了命，登时动起手来。张毋打娘胎里出来，哪里受过这般苦楚，痛得只干号。不一时，二十军棍打完了。张毋咧嘴讨饶个不住，说道："小人千不该万不该叫大王从小人胯下爬过去。小人该死，求大王饶过。"

韩信仰着头，沉思了半晌，然后说道："寡人饶你也不是不可以。但是死罪可免，活罪难逃。但是刚才打也打了，寡人想了一会，也不知道如何再给你一个惩罚的法子。"然后韩信把眼朝李左车望去，笑问道："不知先生有何高见？"

李左车捻了颔下几缕稀疏的胡子，笑道："大王，臣倒有个主意，只是粗鲁得紧。"韩信微笑道："是何主意？"李左车笑道："以彼之道，还施彼身。"韩信听说，拊掌哈哈大笑："这个主意妙得很！"说完站起来，腰沉下去，又开腿来。周围的人都忍不住发笑。

张毋听说可以饶他一命，如蒙大赦，心想："真是如此，才打了这么几棍子，也是侥幸了。"再听到"活罪难逃"时，心里又叫起苦来，不知韩信还会使出什么酷刑来。他是个粗人，不懂"以彼之道，还施彼身"的文话，但见韩信立身叉腿的，明白了。大喜过望，生怕他们反悔，忙磕头道："小人愿爬，小人愿爬。"

说完，忍着被军棍打的痛，从韩信胯下爬过去了。

韩信笑了，李左车也笑，大家都笑了。那张毋也跟着笑起来了。

韩信笑完了，向周围说道："他也算得上是个壮士了。当年他让寡人受那胯下之辱时，哪里杀不得他？不过杀了他，寡人也不能借此成名，所以才隐忍至今。"

说完，韩信扶起那匍匐在地的张毋来，笑道："寡人不过是和你开个玩笑，幸勿介怀。你我故人，寡人让你在军中做个都尉之职吧。"

张毋听了，再也想不到有这样的好事，忙又趴在地下说谢恩的话。

底下有人接着说道："大王宽厚，乃臣等之福。臣等愿誓死追随，以报深恩。"

这些声音嗡嗡地和楚王韩信的笑声响成一片。

云梦之厄

那边楚王的宫殿起得正好，看看日子，快要完工了，而此时韩信的岳丈陈先生却去世了。

那日，陈先生知道自己是不行了，趁着还清醒，派人去请韩信夫妻两人。不一时，韩信和陈夫人来到。陈夫人见她父亲气若游丝地躺在床上，眼泪只如那断线珠子般扑扑落下，陈先生见了，说道："天可怜见，你也算结果好的了。当年我把你嫁与信哥儿，哪里知道有今日。就是我也料不到的。"

停了一会喘气，向韩信说道："大王，恕我不能施礼了。"韩信忙说道："先生当安心静养，切勿起身。"

陈先生说道："那时我看大王是有志气的，才把个心肝似的女儿嫁与你。现在你壮志得酬，我想亲家母九泉之下也会高兴。只是情随势转，处世之法也要有所不同。先前还可说是少年豪气，也还没有什么，现在天下定了，你也做了楚王，反而要收了锋芒，凡事要深思熟虑。你先做了齐王，后来又免了你的齐王，发送到这里来，意思也很明显的了。匹夫无罪，怀璧其罪。当今天子忌惮你，你越发要收敛了才好，被人寻出个事由，不是玩儿的。为人一世，富贵风流，于斯为极。楚王不如学学那史书上的忠臣孝子，落个好结果。"

韩信一旁听着，默默不语。陈先生说了这么些话，用了最后一些力气，便溘然长逝了。

陈夫人哭得跟个泪人儿似的，韩信也跟着伤心了一番，陪着落了不少眼泪。

接下来不过是安排陈先生的身后事。韩信为了报答当年的知遇之恩，一切都办得极隆重。陈先生不过是一介布衣，死后哀荣，就是一般的王侯也是比不过的。陈夫人也劝过，说这违背了他父亲临终时吩咐的小心谨慎的意思。韩信不听，她也就无可奈何。

　　因为是太平时节，经过离乱的人都想着过那安
稳的日子，虽不敢说夜不闭户，路不拾遗，到底
是一番祥和的气象。韩信是个武夫，不惯久坐，平
日里和钟离昧带着一大队士卒走马打猎，或是走乡
串镇地巡游。那日钟离昧抱恙在家，没有跟去。到
了天晚的时候，正独自闷坐。忽听得人报说楚王来
了，赶忙整了整衣冠，前去迎接。还未出门，就听
韩信在院外的声音："钟离将军，可好些了？"

　　钟离昧说道："在下些许小疾，有劳大王挂
念，好得差不多了。"韩信说道："那好。"然后故作
神秘地说："今天寡人前来，一者探望将军，二者
还要让将军见一位故人。你猜这位故人是谁？"

　　钟离昧心道："说是故人，总不过是项王的人
吧。但是死的死，降的降，剩下的死活不知。楚王
说的故人是谁呢？"想了一会，再想不出是谁，说
道："恕老朽愚钝，实在不知。请大王明示了吧。"

　　韩信哈哈了一声，向手下人说道："有请武先
生进来。"

　　话音刚落，进来一个四十来岁的汉子。中等身

材，不白不黑的一个瘦脸儿，有些风尘之色，一副儒生的打扮。钟离昧听韩信说"武先生"时已经猜着了。这会见了，又惊又喜，忙上前执着那人的手说道："原来是你。"

说完，将来人重新打量了一番，说道："武涉兄，你我这回相见，竟然像恍如隔世的一般。莫不是在梦中么！看你样貌清减了好些，想必是吃了苦楚的。"

来人正是武涉。龙且被韩信杀败后，为项王做过韩信的说客的。项羽垓下之围，兵败身死，他只身逃得了性命，然后回到家乡盱眙，隐姓埋名起来。后来风闻汉王悬赏捉拿钟离昧，想着自己也不能幸免，在盱眙待着不安全，弃了家小，连夜奔这下邳来了，做了个村野小小的教书先生。韩信被封为楚王，武涉想着自己没有开罪于他，不以为意。这回韩信出去巡行，恰巧就撞见了。二人相逢，也是相识，说了很多叙旧的话，韩信定要他跟着一起回去，还说钟离昧也在此处，武涉推却不过，就跟着来了。

武涉淡淡笑道："是呀，算是得了残生，没有成那一抔黄土罢了。你我故人，看到将军风采依旧，我也高兴得很。"

钟离眜听他似乎语带讥刺，脸上有些挂不住了。韩信打了个哈哈，从旁说道："寡人封了楚王之后，打听得钟离将军在家，所以派人接了过来，好说说话，亲近亲近。寡人不知道武先生也在下邳，不然早派人请先生去了。恕寡人失迎之罪吧。"武涉忙说道："岂敢岂敢！"

韩信想着他们二人重逢，有许多的话要说，自己不便在场，于是推说还有公务要处理，不能久陪。晚上摆下宴席，聊为庆贺，到时候会派人来请的。说完就去了。钟离眜和武涉送韩信出了门，直到不见了才进去。

钟离眜、武涉这会儿才见，有一肚子的话，却不知从何说起，只好有一搭没一搭地说着。及至说到项王身死的一节，不由都流下泪来，他们这才觉得亲切了。又说了一番项王之臣忧惧流离的苦楚，很是感慨了一番。正说得热闹，韩信已经派人来请去赴宴。他们就急忙忙地跟着来人去了。

酒喝得很热闹，依然是笙歌鼎沸，锦堆绣簇，筵席酒肴之盛，都不必说。武涉先前还拘束，后来多饮了几杯，不觉慢慢有了酒意。

这场夜宴开到很晚方散。因为武涉和钟离眛都是项王时候的旧相识，就安排一起歇宿，在钟离眛住处住下了。

一连几日，都是笙歌宴席不止。

那日，武涉和钟离眛回来，一时间并未睡去。钟离眛在家重新整治了一桌酒席，二人继续欢饮。酒过三巡，武涉忽问道："钟离将军，不知道以后是什么打算？"

钟离眛见他问得奇怪，一时不知道他的意思，便说道："武涉兄，这么问什么意思呢？"武涉回答说："钟离将军以后是继续打算寄居于此，还是另寻他处呢？"

钟离眛正待饮手中的酒，这会儿放下杯，叹了叹气，说道："汉王怨我从前将兵数次辱了他，捕我甚急，你也是知道的。如今天下都是他的，哪里有我的去处！亏得楚王还念着旧情，有所托庇，在此挨这苦生涯，还有什么说的。"

武涉说道："钟离将军，这话差了。食人之

禄，分人之忧，当时我们不过是各为其主罢了。那刘邦虽然做了天子，难道项王的人都杀得尽的？将军以为楚王这是个牢靠的安身立命的所在，却不知也危险得紧。一旦大树将倾，将军想要全身而退，也是不能够了。"

钟离眜听了，忙问道："武涉兄，这话从何说起呢？"武涉问道："钟离将军以为楚王用兵如何？"

"神乎其神，当世应无出其右者。"

武涉再问："那楚王心气如何？"

"也是个心气高的，眼里等闲容不得人。"

武涉又问："楚王为人如何？"

"极是个好客尚义的人，就是有时未免狭促了些。"

武涉继续问道："那将军以为刘邦是个什么样的人？"

"不过是市井无赖罢了，哪比得上项王！不过算是有见识有谋略的，能收拢人心，那时倒小瞧了他，不然，你我何至于今日这样寄人篱下。"说完，自己闷喝了一杯。

武涉说道："刘邦靠着一班底下的文臣武将们

才成了天子，按功劳论，楚王当为第一。若不是他，早就败在项王手里，但是后来论功行赏时，萧何却是首功。诸将不服，刘邦说了一大通的话。依在下看来，不过是刘邦对楚王心有忌惮，不敢过分逼了他的志。不但如此，韩信就是齐王的位子也坐不稳，打发到这楚地来。将军也说他狭促，所以楚王心内不能无所怨望。就这几日，我观他言语举动，不知忌讳，怕以后要做出不臣之事来，即便韩信不做出事来，也难保没有人从中上书检举。携震主之功，事疑心之主，况且又不知韬光养晦，结果可想而知。到那时，将军恐怕也难以独善其身了。"

武涉这一番话说得钟离眜没了主意，沉吟了一会，他问道："武涉兄如何打算的呢？"武涉答道："盘桓了这几日也够了。是非之地，我本不想来，更不愿久留。自从项王败后，我那功名利禄之心尽皆成灰了。眼前繁华，云烟过眼！将军何不和我一起离开此地，另寻一个安身立命的所在，岂不是好？无事便罢，一旦有不测之祸，悔之晚矣。"

钟离眜被武涉说得恍恍惚惚，拿不定主意。就是想走吧，不知道能走到哪里去？想留下，又怕武涉的话成了真。他心里安慰着说，楚王如此待我，若要走了，感觉很对不住。就是武涉所说的也未必会被他言中。真要到了那时，我再拿主意。其实，他到底也有些舍不得眼前的繁华。

武涉见状，不再多言。二人潦草地再喝了一会儿，就各自安寝了。

武涉回到寝处，左右睡不安稳。他盘桓这几日，一来是却情不过，二来想趁便说动钟离眜。见钟离眜是拿定主意留下，只得由他去了。他想了想，忽然叹了口气，说道："此时不走，更待何时！"忙收拾了几件随身行李，然后悄悄走了。

第二天，钟离眜起来，发现武涉不见了，自己心里明白，只暗自叫了声苦，吩咐人叫来昨夜当值的守卫。守卫说，昨夜夜半看见武涉先生独自出了门，因为是楚王和将军的贵客，不敢查问。钟离眜无法，只好亲自去禀告了楚王。韩信听了，无可奈何，只是说了句"何必如此"，就不再多言。

钟离眜一颗心稍稍放下。

到了这年秋天，楚王的宫殿落成，龙楼凤阁，深宫内苑，连绵十数里，极其壮丽。韩信择了个吉日搬了进去，钟离眜也一道住进去了。

再说刘邦登基后，每每回想前事，不能忘怀，加上项王手下那些贤能的人散落各处，假如暗中勾结往来，倒不太安稳。所以常常想将这帮人一网打尽，不留后患。头一个缉捕的钟离眜，大半年过去了，毫无消息，心里甚是恼怒。没想到刘邦这番心思和举动，惹得一个人惶惶不安起来。

这人便是燕王臧荼。臧荼也是个枭雄，为人勇悍，发迹很早。在秦二世二年的时候，秦国攻打赵王武臣，燕王派臧荼率兵救赵，当时总成其事的便是项王。项王破釜沉舟，大败秦兵。汉高祖元年时，项羽分封天下，因为燕国是兵家必争之地，项羽为了树立党羽，以臧荼功大为名，立他做了燕王，把当时的燕王韩广迁为辽东王。韩广心下不服，不肯移居辽东，被臧荼打败，丢了性命，燕及辽东两地皆为臧荼所有。到了汉高祖三年，韩信在井陉破了赵国，斩杀了成安君陈余，派了一介使者去了燕国。燕王臧荼见韩信势如破竹，觉得自己无法抵挡，于是就归降了。后来臧荼等人因拥立刘邦有功，继续做他的燕王。这臧荼也做过项王的人，虽然自己早降了汉，又贵为燕王，总觉得不安全。刘邦捕杀项王旧臣，难保不翻他的旧账。于是在这一年十月，干脆先自己反了，一下子打下了代地。汉高祖刘邦吃了一惊，点起军马，亲自出征。臧荼根基不稳，又刚愎自用，不多时就兵败被杀。

还有一件不太平的事，利几跟着也反了。原来这个利几早先也是项王麾下的将军，后来在陈县做县令。项羽兵败后，顺势降了汉王，刘邦封他做了颍川侯。刘邦到了洛阳后要召见他，他见高祖对项王旧部怨恨颇深，本来心里恐惧，见刘邦召见，不知所为何事，心一横，谋反起事。臧荼尚且不能成事，他一个小小的颍川侯，又能搅出多大的风浪来？汉高祖刘邦亲征，立刻就平定下去了。

这些事传到楚王韩信耳里，未免把新居落成的好心情也压下去了。他和燕王有些交情，当年正是自己收复的燕国。这次臧荼反汉，刘邦也没有命令让韩信领兵征伐，不知为何？怕是有所忌讳也说不定。后来见利几反了，感觉项王底下的旧臣越发不好过了。兔死狐悲，他也有些惶恐起来。每次出入，又添了好些甲士，以防不测。钟离昧寄人篱下，见楚王如此，既有些恐惧，也有些心安，种种心迹，难以述说。

二人如常往来，只是觥筹交错间也开始说起了一些影影绰绰的话，议了议当下的时政，探讨了一些项王旧臣的处境，如陈豨、淮南王黥布以及武涉等，或感慨，或叹息。

时光匆匆，又是将近一年的光阴，幸而诸事皆无。

汉高祖六年。一日，汉高祖刘邦召集了张良、萧何、陈平、周勃、樊哙、郦商等人前来议事。汉高祖刘邦手里拿着一册书，气急败坏地往案上一摔。原来汉初时，书籍信件多写在竹简木牍上，或是写于绢帛之上。高祖手中的书子，正是一块小小的木牍，这一摔，着实用劲狠了，那木牍竟然分为两半。高祖骂道："胯下儿，忘恩负义如此！不是亏了我，胯下儿哪有今日！"

诸人不知何故，见皇帝如此气急，都噤声不语。张良将摔成两半的木牍拾了，合起来看。右首开始的便是几个大字，说是"为楚王韩信谋反事",略看了一看,然后传给诸人看了。

刘邦问道:"这胯下儿要造反,不知众卿意见如何?"周勃是个急性子,说道:"既然如此,陛下急发兵,坑杀了那竖子罢了!"郦商说道:"太尉所言甚是。趁着韩信尚未起兵,陛下亲率大军,杀他个措手不及。这事关国家社稷安危,事不宜迟。"

这个说话的郦商是高阳人,因去年臧荼谋反,跟随高祖刘邦征讨有功,此时擢升为右丞相,封为涿侯。郦商有个兄弟,就是被齐王田广烹杀的郦食其。郦商认为长兄之死都是韩信一人的干系,常怀恨在心,此时见有人告韩信谋反,免不了公报私仇,所以着急劝着刘邦兴兵讨伐。

萧何因为韩信当年是自己着力举荐的,假如他果真要谋反,自己面上也不太好看,这时开口说道:"陛下息怒。此事事关重大,当从长计议。不可听信这一面之词,就冤屈了朝廷重臣。依臣愚见,不如派人秘密查访,倘若是真,再兴兵不迟。"

刘邦听不得这话,说道:"腐儒!等查访得实了，那胯下儿不早就起兵了？一定是因为去年夺了他的齐王，怀恨在心。看这封秘信，钟离眜匹夫也躲在他那。那胯下儿知道钟离眜是我要缉捕的人，还留着他，不是意图谋反，还是什么？这般可恶！"那班文臣武将们听刘邦发了这样的雷霆之怒，都不敢答话。萧何也不敢往下说了。

樊哙鲁直，看无人出声，便粗声粗气地说道："假如那厮真的心存不轨，别的不敢说，臣第一个不轻饶了他。假如是捕风捉影的事，岂不冤屈了好人，叫人寒了心！"

张良随后说道："陛下，事情如何还不知道。去年陈豨、利几反，难保楚王心里不安。这封书信上说他大建宫室，出入带兵甚众，于礼僭越，不过下一道诏书，申斥一番便可。假如楚王没有反意，陛下带兵讨伐，逼得他反了，反倒不美了。"

刘邦这才沉吟起来，问陈平。陈平在楚汉未定时就是刘邦的重要谋士，后来也做到了丞相之职。

陈平问道："这次有人上书说韩信谋反，还有人知道这事么？"

"除了在场诸人，再没有了。"

陈平又问:"韩信知道么?"

刘邦说:"不知。"

"陛下所领精兵,与楚国相比如何?"

刘邦默然,然后回答说不如。

陈平又问:"陛下的诸位将军用兵有能超过韩信的吗?"

"没有敌得过他的。"

陈平从容说道:"现在兵不如楚军,将不如韩信,陛下起兵讨伐,不过是逼着韩信谋反罢了。这又不是臧荼那般好对付的,就是臣也为陛下担忧。"

刘邦问道:"依你的意思,该怎么办?"陈平说道:"与其力战,不如智取。"刘邦听陈平这么说,知道他肚子里有打算,忙问道:"如何智取?"

陈平答道:"古代天子登基,照例是要巡狩四方,会诸侯。南方有云梦泽,陛下可扬言出游云梦,在陈地会盟诸侯。陈地是楚国的西界,那韩信听了陛下要出游云梦,又是在楚国极近的地方,势必会去陈国接驾。既然韩信来迎接大王,虽然带着亲信随从,但也是有限的。陛下这时候想要擒拿他，不过是一个力士的事罢了。"刘邦拊掌大笑道："此计甚妙！"

于是刘邦当即让人草拟了一道诏书，派遣使者告诉众位诸侯："我将南游云梦。"诏书一下，使者已发，汉高祖刘邦也就选了一批精兵，带着一众人等向云梦泽出发了。

使者到了楚国，楚王接着了。打发使者走后，韩信便和李左车商议。韩信问道："先生，陛下突然巡狩云梦，不知是什么打算？"李左车捻着颔下几根稀疏的胡须，想了一会，说道："此事怕与大王有着干系。"

韩信问："先生，寡人也这么疑心。哪里不去，偏要巡狩云梦，却不是特意为寡人来的？偏又挑在陈国相见！"然后又问："依先生高见，主意如何？"

李左车明白他的意思，说道："暂不可造次。毕竟陛下来意不明，假如不过是巡游，并无他意，岂不是露了相了？"韩信附和称是。

自从去年燕王臧荼、利几等人谋反被诛后，韩信觉察到了危险，暗中储备兵甲粮草，日日操练士兵，演练战阵。忽然刘邦要南巡，他有些不得主意，想发兵谋反，又觉得自己功劳甚大，刘邦不至于杀尽功臣。据使者所说，刘邦随后就出发的，不多久就要到了。韩信想要单独谒见，面陈衷曲，又怕自己白白被他擒拿了。

楚王韩信这么患得患失，都被李左车看在眼里。李左车说道："大王，臣有个主意，不知当讲不当讲，只怕大王不肯。"

韩信说道："先生只管说来。"李左车说道："当今陛下缉捕钟离将军迟迟未得，臣以为，长此以往，钟离将军避难在此的事难保不走漏了风声，到那时候，悔之晚矣。大王不如……"接下的话，李左车就打住没说。

韩信有些明白他的意思，但还是问道："不如怎样？"李左车说道："不如杀了钟离眜，带了他的项上人头，谒见圣上。圣上得之而后快，心里必喜，也就无患了。"

韩信想了一会，便说："此计不是不好，只是钟离将军穷途末路，无处投奔，因此来投靠我。我要负了他，世人当说我不仁。"李左车道："我知道大王仁爱，料想大王不忍下手。但是妇人之仁实不足取，那项王的下场便是见证。"韩信听后，便道："容我考虑考虑。"李左车说道："请大王早做决断。"

韩信听了李左车的话，心里有些活动，只不过不好立刻答应，思前想后，竟一夜未眠。陈氏这时已经有了身孕，也是半睡半醒，问他何事烦心。韩信怕她担心，说没什么。韩信看着、想着眼前的一切，怕繁华成空，自己一生抱负也付之东流，不由得不焦心，辗转反侧地挨了一夜。仿佛那些天明的微光促使他下定了主意似的，等不得天大亮，就派人请李左车来，二人商量了细节，只等下手。

晚上摆了宴席，派人请钟离昧过来。钟离昧听说是楚王宴请，没多想就来了。酒馔丰盛，一如既往。这回有点不同的是，去的是一个内室，没有那些莺歌燕舞的歌伎。楚王韩信与李左车两个人候着。三人见了面，说了几句客套话，便入了座。

李左车起身给钟离昧斟酒，钟离昧略略谦逊了一回。楚王韩信举了杯，说道："来，我为将军祝寿！"说完，仰起脖子干了。

酒过三巡，韩信的脸已是通红，映着那微弱的灯光，分辨不清是脸的颜色还是晃动的灯影。

喝酒的好处在于仗着酒盖住了脸，胆都壮了些，好说话。韩信嗓子粗豪了些，问道："钟离将军，昨日陛下派了使者来，说是要南巡云梦，都快到楚国边界了，这您可听说了？"

钟离眜一进来就觉察到了一些异样，心里不免疑惑。昨日使者的事他有所风闻，也疑心到自己身上，不由怔忡起来，但自我宽慰道，楚王向来待己不薄，不至于把自己出卖了去。这回听见韩信问了，便把真心藏起，故作惊讶地说道："是么？我竟没有听说。"

韩信怔了一下，正想答话，李左车从旁开言道："当今天子要巡游云梦，会诸侯。昨日派了使者传旨来的，不日就要到了。我们疑惑来得奇，不知道将军如何看呢？"

钟离眜见他问得这么直白，躲闪不过去，只好老着脸，故意说："难道对楚王不利？"李左车说道："尚且不知。所以请将军来商议。"钟离眜心里暗想："找我商议是个幌子了。"他大声回答李左车说:"在下因为被刘邦怨恨,无处容身,幸得楚王不弃,收留我在此安身。如此恩德,感铭于心。如果事有不虞,老朽绝不牵连楚王!"

韩信听了,干咳了一声,说道:"将军何出此言!来,寡人再敬将军一杯。"李左车说道:"楚王也是仁爱的性子,是不肯得罪朋友故旧的人。钟离将军是豪气干云的英雄,料来很多事也瞒你不过。冲将军那句'不牵连楚王',足见厚情了,我也饮一杯。"

钟离眛变了脸色。他刚才那么说,一者是尚义的性情使然,二者也有感于韩、李二人的言语态度。不想李左车借着他的话,分明下了逐客令,他眼睛盯着韩信,想确认他的态度。韩信说道:"钟离将军,非是寡人怕事不留你安身。不然,寡人也不会冒着得罪天子的危险留将军这么久了。只是这次天子巡游,不知何意,只恐改日有事疏失,于将军不利,将军会怨恨寡人。"

钟离眛冷笑道:"好!好!"急切间要喝酒,手不稳,把酒撒了。韩信喊了一声来人,给钟离将军斟酒。可他早就是吩咐好了亲随奴仆们无须服侍的，所以半天也不见人答应。

室内的灯火闪闪烁烁，不太明亮。暗淡的灯火里，藏着三人闪烁不定的脸。

韩信又说："钟离将军不要误会，且从长计议。"钟离眜说道："无须再议了。在下明日便去，绝不拖累楚王。"

李左车问："将军去哪？"

钟离眜道："大丈夫四海为家。"

"不怕被捉么？"

"不过一死而已。"

李左车冷笑道："好个不过一死而已。在将军看来，或许成全了英雄的声名。依我的愚见，也不过是匹夫之勇罢了，和那死了的项王恐怕没有两样。"

钟离眜被李左车这么一抢白，脸涨得通红，直着脖子说："我岂是能和项王比的？先生说我是匹夫之勇，不知什么意思？"

李左车知道他动了怒，正中下怀，继续冷笑道："钟离将军说得好干脆。将军死了，于活着的人何益？"

钟离眜急道："这话怎么说？"

李左车道："将军生死置之度外，假如当今圣上要怪罪楚王庇护将军，依然罪过不小。所以说将军是匹夫之勇。"

钟离眜道："依你的意思，该怎么样呢？"

李左车昂然道："人固有一死。独身自去，遗祸于人，怕不是英雄所为了。"钟离眜问道："还是那句话，依你的意思，该是如何？"李左车微微一笑，说道："在下想向先生借一件物什。"

钟离眜到底是武夫心性，没有多想，恨恨说道："楚王还缺什么？老朽穷途末路的人，但凡有你们看得上的，送你便是！"

李左车冷笑一声，说道："将军这会儿说得干脆，恐怕到时候便不愿意了。"

钟离眜说："要借什么？拿去便是。迟疑的就不是钟离眜了。"

李左车说道："便是将军项上人头！"说着，举起了酒杯，欲饮未饮的样子。

钟离眜听了，先是一愣，不知李左车所言是真是假。看他的神情样子，会意过来了。把一双虎眼往周围一扫，觉得周围暗地里有一些甲士绰绰的影子。这时他镇定了下来，把眼望了望韩信，又对着李左车说道："这是先生的意思，还是楚王的意思？"

韩信有些不自在。钟离眛明白过来，仰头笑了笑，神情有些苍凉。

李左车说："成王败寇，情势如此。将军须怪我们不得！"

钟离眛再把眼往周围一睒，冷笑道："也怪他们不得的吧。"韩信、李左车怕钟离眛不肯轻易就范，早就安排了许多甲士在间壁的室内埋伏好了，只等摔杯为号。他听了钟离眛讥讽的话，不为所动。钟离眛盯着韩信看，韩信有些躲闪。钟离眛问道："楚王的意思如何？"

韩信见他问得咄咄逼人，便回答道："人为刀俎，我为鱼肉！情势所逼，将军怪我不得了。"

钟离眛说道："好！好！好！"

李左车听他连说几个"好"字，怕他猝然发难，凝神堤防。半晌，不见钟离眛动静。钟离眛知道自己不免一死的了，反而松弛下来，对韩信说道："汉王之所以不攻打楚国，不过是因为我钟离昧在你这里罢了。如果想要杀我，自媚于汉王，我现在死了，你也随后就亡了。"接着又骂韩信道："楚王为德不终，终究不是个长者！"

说完，一双虎目瞪着韩信，取出佩剑往脖子上一抹。

他即使死了，依然是双目睁着。

四溅的热血，喷在一桌丰盛的酒菜里。

长乐非乐

这时正是深冬天气。

一条宽阔的路蜿蜒着，伸向寥落的远处。路上绝无行人，只有一长列铠甲鲜明的士兵执了寒风里猎猎的旗帜，不动声色地站定。

这是陈国的边境，刘邦巡狩云梦的第一站，四方诸侯迎接之所。云梦在楚国边界，刘邦大费周章地却要各地诸侯来陈国会见，自有一番打算。他生怕韩信屯兵境上，一旦有什么风吹草动，大军压境，擒拿韩信不成，反被他捉了就不妙了。

韩信很早就来到陈国，因为是他国之地，楚国西境的军队不好带来，只带了一队兵马随从。况且他斩了钟离昧的人头，要献给刘邦，这是件大功劳，兴许其余的事就放过了。在郊迎的路上等了许久，都不见刘邦的队伍，他不由张了脖子望向路的尽头，不时地问李左车现在是什么时辰。

正有些不耐烦时，一串哒哒的马蹄声由远及近。那马蹄像踩着韩信的心跳似的，一声声地让人有点心慌。是报信的探子，说陛下的队伍近了，众人重新抖擞了精神。果不其然，不多时，远处有车马旗帜耸动，逶迤前来。韩信心想，什么时候向刘邦说钟离眜的事比较适宜呢？假如问起些别的，比如诛杀钟离眜的细节，该如何回答呢？他正想着，耳中就听见一片"陛下、陛下"的山呼声，于是跟着跪下行礼。

还没等到刘邦叫众人平身，韩信身后忽地闪出一个人来，虎背熊腰的一个甲士，鹰拿燕雀般把韩信反剪手缚了，推推搡搡地押上了后面的车。

在场的诸侯们都没有明白过来怎么回事呢，有的吓得只是筛糠般颤抖。

韩信开始也迷迷糊糊的，这会儿才反应过来，大叫："我有什么罪！陛下要拿我！"刘邦在前面车中，只是不理。韩信说道："果然像别人说的，'狡兔死，良狗烹；飞鸟尽，良弓藏；敌国破，谋臣亡。'天下已定，我固然要受烹刑的。"刘邦见拿了韩信，正兀自欣喜，此时才回答道："有人告发你谋反！"韩信问道："反从何来？"刘邦说道："胯下儿，何必嘴强！"

因捉了韩信，刘邦甚为高兴。于是当天传了一道诏书，要大赦天下。

刘邦巡狩云梦本就是捉拿韩信的幌子，既然得手，巡狩就不必继续下去了。此地离楚国甚近，在陈国不敢久留，久了恐生变数，连忙押解着韩信朝着洛阳地面进发。

当初天下初定，讨论建都之地时，由于刘邦及其手下诸将多为原六国人，洛阳离家甚近，都想将都城设在洛阳，后来是听从了张良等人的建议，方才定都关中。虽然与汉朝都城失之交臂，但洛阳仍是天下之中，四方通达，乃兵家必争之地，刘邦派有重兵把守。这洛阳离楚国核心地区亦远，是刘邦的势力范围。到了洛阳，方可以说是无虞。所以一到洛阳，刘邦就夺了楚王韩信的王爵，将其贬为淮阴侯。他还怕韩信在楚地威望素著，人心不稳，于是将楚国一分为二：以淮水为界，淮东分封给将军刘贾，因为他多次有功，号为荆王；淮西分封给弟弟刘交，号为楚王。至此，才算解决了几年来的一块心病。

韩信脱离了楚国故地，又没有重兵在握，便如那没有羽翼的鸟一般，生杀予夺不过在刘邦的一念之间。刘邦之所以未立时杀了韩信，一者因他为刘氏江山立下过汗马功劳，有些惜才；二者是怕功臣寒了心，人人自危。即便是随着韩信去陈国迎接车驾的李左车，虽然一同押解到洛阳，也给予了足够的优待，让他辅佐太子，教其兵法。因为各有职守，又为了避嫌，二人是没法经常见面的了。

韩信知道皇帝刘邦对他猜忌甚深，朝见及随从之事，常常称病不从，他心里免不了有些怨气。他是心气高傲的人，一般人入不了他的眼。诸如绛候周勃、颍阴侯灌婴之流，虽然现在大家一般的都是侯爵了，韩信却着实看不上他们。其余的一些老朋友，如萧何、滕公等人，也因他是戴罪幽居之人，不便往来。韩信这时才发现自己在朝中并无深交的亲旧，只是当时劳苦功高，旁人奈何他不得罢了。

现在时移世易，也就显出那世态的炎凉来。

这些人里头有一个是例外，便是大将军樊哙。那时他已封为舞阳侯，又娶了吕后的妹妹吕媭为妻，和皇帝是连襟，算是正走鸿运的人。这些倒是其次，主要因他是个鲁直的性子，对韩信用兵之术敬若神明，所以能不避嫌疑，常与韩信往来。每次去樊哙处赴宴席，樊哙执礼甚恭，亲自迎送，口内自称"臣"，每每都说"大王愿意光降臣的寒舍"之类的话。韩信这时早已经不是什么楚王，但这样诚心的恭维话总是让人高兴的。韩信出门，笑道："人生在世，当与樊哙之流为伍！"

也只有在这时候，他才能找到曾经睥睨天下的豪气。

这一日，皇帝刘邦召见。韩信之前诸事推脱，想着有些日子没有觐见皇帝，毕竟君臣之分森严，再不去面子上不好看。因不知刘邦召见他所为何事，问传话的宦官，说不知道，只是说请淮阴侯。韩信无法，心下惴惴不安地跟去。

宦官通传淮阴侯到了，里面回复说请淮阴侯觐见。韩信忙整肃了衣冠，躬身进去，跪下了。刘邦

刘邦与韩信对谈。

见他进来，笑问道："听说将军最近身体不适，不知道好些了没有？朕正想派宫内侍医去看你一看。起来说话吧。"韩信忙说道："罪臣残躯贱恙，劳陛下忧心挂念，心下不安，罪该万死！"刘邦哈哈一笑："知道的说你是抱恙，不知道的还以为因为夺了你的齐国，有心病呢！"

说完，笑着看韩信。

韩信听了，忙又跪拜道："罪臣不敢！罪臣之心，天地可鉴！"刘邦扶他起来，说："赶紧起来吧！不过朕的一句玩笑话罢了，何须如此！"韩信起来时，头上冒着冷汗。刘邦当然看见了，说道："这样的天气，将军怕是吹了风了，待会叫朕的太医看看。将军横刀立马，为朕的第一猛将。过了几年清平的日子，想来筋骨也松散了，哈哈。"韩信说道："天命在于圣躬，微臣不过是顺应天命，得沾陛下恩泽而已。"韩信这话说到了刘邦的心坎上，让他大为畅快。

刘邦止住了笑，问道："朕近来无事，想起你们这些出生入死的将军们。不知诸将当中，用兵之道，等差如何？谁最为神妙？"韩信说道："陛下知人善任，天下英豪，都想为陛下披肝胆，剖腹心，所以陛下手猛将如云。依罪臣愚见，诸将之中，樊哙将军勇猛，彭越多智，黥布刚直，陈豨果敢，都是难得的良将。然而都短于谋略，不能洞悉机变。唯曹相国智谋勇毅兼有。其余诸将，不足论罢了。"

刘邦"嗯"了一声，说："朕自斩白蛇起事以来，曹参身被七十余处创伤，攻城略地，功劳最大。"接着问道："像朕呢？用兵如何？能带多少兵马？"

韩信沉吟了一会儿，说道："陛下不过能领兵十万。"刘邦眉头一挑，"哦"了一声，又问道："如此，将军你呢？"韩信微笑说："罪臣的话，多多益善。"刘邦笑着，却未有笑声，眼睛一转："多多益善，如何又被我擒了呢？"刘邦明明说的是游云梦的事了。韩信从容说道："陛下不能带兵，而善于用将。况且陛下实乃天命所授，哪里靠的是人力呢？"刘邦听了，大笑道："知我者将军也。"

韩信忙不迭地说"不敢不敢"。

刘邦发迹前，本是一名小小的亭长，戎马半生，常常是逃避项王追捕。等即位做了皇帝，一帮儒生们制定了朝廷的礼仪，立起了体统，那帮草莽的将军们才晓得了些规矩，刘邦这时也才得了些做皇帝的滋味。现在他不像以前在军中时，已经很少与臣子们亲近了。因为今天高兴，留韩信夜宴。君臣二人一人意兴遄飞，一人心怀忧惧，酒的滋味到了嘴里都不太一样。

自从这次觐见后，韩信愈发地小心起来。

他深居简出，故旧凋零。樊哙处现在也去得少。这一日，他独自在庭院里来来回回地踱步。院子里有棵老银杏树，因是冬天，叶子都掉得差不多了。剩下的也破败地挂在光秃而寒冷的枝杈上，被风呼呼地吹着，随时都有掉下来的危险。一只冒寒出来觅食的麻雀从别处飞来，落在枝杈上，叽啾不已。韩信见了，不由入了神，待想向前再走近去看时，它扑闪着翅膀，惊疑地又飞走了，只留那枯黄的叶子在风里哗啦啦挂着。

韩信触动心事，不由随口念道：

寒冬兮叶落，

飞鸟兮入庭，

不知我忧兮飞去，

时兮时兮，天不我与！

　　语调甚是凄怆。念完，吟咏不已。就在此时，韩信瞥见一个人影子，探头探脑地朝这边看。韩信不自主地提高了声调，问道："是谁？"那来人才躬着身，走出来，是个亲近的侍从。韩信这才放下心，不悦道："有什么事，这么鬼鬼祟祟的！"侍从回答说："小人该死！小人看见侯爷想着事，不敢轻易搅扰！请侯爷恕罪！"又接着说道："陈豨将军求见！"韩信忙说："快请进来！"侍从忙退出去请了。

　　这时是汉高祖七年，边境上有些不太平。匈奴在马邑这个地方攻打了韩王信，韩王信坚守不住，于是降了匈奴，在太原与匈奴勾结起兵谋反。上郡白土之地的曼丘臣、王黄二人拥立以前的赵国将领赵利为王，顺风跟着反了。高祖亲自领兵出征，到了平城，被匈奴围困了七日七夜才解围而去。因为陈豨此次立了战功，高祖封他为列侯，并拜为赵国的相国，统辖赵、代二地的部队，以防匈奴入侵。

这陈豨就是先时被韩信称为"果敢"的那位。这次因要前往赵地履相国之职，所以来向韩信辞行。不一会人进来，黑紫的脸膛又宽又大，颌下倒是干净，深目高鼻，不高不大的身材，身上公服礼帽，衣裳鲜明。见了韩信，跪拜道："楚王，一别多年，微臣见楚王身体康健，甚慰别怀。"

韩信已经不是楚王，现在常怀忧惧，身边的亲信们他也命令不准这么叫了。他现在不过是个淮阴侯而已。韩信扶他起来，说道："快不要如此，我早已不是什么楚王了。将军请起来说话。"

韩信说完，朝他外努了努嘴。陈豨会意，就不开口。韩信遣散了左右侍奉的人，执了陈豨的手，在庭院闲步。韩信见左右无人，仰天长叹一声。

陈豨问说："大王有何心事？"韩信没回头，望着头顶清冷的天，缓缓说道："陛下曾问我诸将军能力等差如何，我称赞陈将军'果敢'，自谓识人。我的心事，可以和你说么？"陈豨回答说："楚王但说无妨！末将唯楚王之命是从！"

韩信说道："将军要去的地方，乃是天下精兵聚集之地。你现在又是陛下眼前得幸的红人。一旦离了陛下左右，那起谗贼小人们在陛下耳边日日构陷，将军的祸事也就不远了。像那古时的曾参，难道不是一等一的贤人吗？有人告诉他母亲说曾参杀了人，她母亲不信，依然织着布。结果听了第三次，他母亲也害怕了，翻墙逃走。以曾参之贤，谗言纷纷，则慈母也不能信。将军自问声名有曾参贤否？将军与陛下之亲，能亲过曾参母子吗？"陈豨默默而已。

韩信接着说道："假如有人上书告将军谋反，陛下必定不会相信。说第二次，陛下就会起疑心了。待到说第三次，陛下必定发怒，亲自领兵征讨。到那时，我为将军从中起兵，以为内应，则天下可图。"说罢，望着陈豨。

陈豨素来知道韩信的能力，便说道："微臣受教！微臣记在心上。"二人又说了些话，都觉得意气昂扬起来。但恐隔墙有耳，陈豨不敢多留，过一会就匆匆告辞。

陈豨本为宛朐人，古属魏国，所以自小仰慕战国时魏国信陵君为人。信陵君是战国四大公子之一，礼贤下士，招揽四方贤人宾客，端的有名。陈豨领军守卫边防，学那信陵君的古风，折节下士，宾客盈门，另一层的意思也是为以后假想中的起事做准备。

陈豨归赵，随从宾客的车上千辆，整个邯郸的客舍都住满了。他的宾客中三教九流的人都有，陈豨都以身下之，执礼甚恭。要养活这么些人不是件易事，免不得要做些非法的勾当。那些宾客鱼龙混杂，并不都是贤能之人，有的借着陈豨的威势，异常豪横，鱼肉乡里，惹出不少民怨。赵国的丞相周昌见了陈豨如此势众，等陈豨回了代地，周昌就上书求见皇帝，说陈豨宾客甚众，多年来在外独掌兵权，恐怕有变。又说起其门下食客借了他的威势擅作威福的诸多劣迹。刘邦果然起了疑心，下令核查，发现陈豨的那些宾客们在代地的不法之事与其多有牵连。刘邦听了周昌的汇报，大骂说道："陈豨小儿，枉费我如此待他！"

陈豨隐约风闻了这些事，心里恐惧，私下派遣心腹去王黄，曼丘臣处，商议起兵谋反。那王黄、曼丘臣本为商贾，拥立赵利起兵后，高祖亲征，兵败投降。刘邦手下留情，让二人做了军吏，手里头也是有一支军队的。陈豨到赵、代二地监兵，结交宾客，遂把二人纳为心腹。同时，陈豨又派遣了个极信任的人，秘密进京，给韩信捎了封书信。韩信忙展开看，信中无非说的是已约诸人起兵之事，希望楚王从中以为内应，不负旧约。

韩信读完，急忙作了封回信，聊聊数字：

"事已知悉，权宜行事。王、曼丘二人乃商贾小人，不足成事，唯将军慎之！慎之！"

写完，在封泥上盖了自己的印记，交付了来人，嘱咐小心。来人得了书信，星夜回去了。这里韩信把陈豨的信一把火烧了。

此时是汉高祖十年。这年七月，太上皇驾崩。刘邦下令各诸侯回京，参加太上皇的丧事，陈豨也在应召之列。陈豨不敢答应，只说是病势沉重，不能出行，况且边关匈奴蠢蠢欲动，军中不可一日无主，不好暂离。刘邦以治丧为名召陈豨回长安，本打算借此褫夺了他的爵位和兵权，不想陈豨硬是抗旨不来，不由大怒，这虽然没有在明面上谋反，显然是心怀不轨的了。刘邦因为父亲的丧事，腾不出手来对付陈豨，权宜之下，又去了封诏书，大度地说道要陈豨好生将养，日后再进京朝见。

陈豨知道刘邦对他已经起了疑心，诸事准备停当，就在这年九月与王黄等人起兵，自立为代王，领兵劫掠赵、代等地。军情传到长安，刘邦即刻点起兵马，带上众将领，亲自征讨。韩信既然是第一良将，免不了也要去的。只是他称病不从，滞留在长安。大家哪里料得到他另有打算呢！

陈豨军势头甚猛，常山二十五城，二十城已落入陈豨之手。刘邦刚到赵地，驻扎于邯郸，见了陈豨盘踞之地及其进军路线，高兴地说道："陈豨小儿，不知南据漳水，北据邯郸，就知道他无能了。"

邯郸乃古赵国的都城，是赵地第一个繁华的去处，钱粮富庶，人口繁密，进可攻，退可守。漳水也是一条阔阔的天堑。陈豨放着明白的地利不用，却先攻打常山，显然失了策。刘邦听说常山守、尉被斩后，问道："常山那些守、尉跟着反了吗？"周昌回答说没有。刘邦笑说："陈豨不得人心，力量不足，何足惧哉！"

原来，陈豨起兵时就秘密派人向韩信处说知

了。韩信给他回复说："将军尽管起兵，我从京中助力将军！"信中同时向陈豨提出应先据守邯郸，再攻打赵、代其余城邑的战略。那陈豨在外领兵数年，权柄在手，渐渐刚愎，养成了跋扈的性子，对韩信的计谋竟不采纳。陈豨势头虽猛，刘邦从容部署，不甚忧心。

且说韩信收到陈豨的信，且惧且喜。这些年在皇帝身边，虽然处境优渥，到底不过是一个囚徒罢了，行动皆不自由。陈豨此次起兵，仿佛给了他一个新的机会、新的契机，似乎只要抓住了，一切就都好了。他好像回到了以前楚汉争霸最关键的时期，天下归属都取决于他。那时项王的谋臣武涉来游说，齐国的辩士蒯通也劝他趁时而动，三分天下而立。他没有抓住第一次机会。后来，刘邦伪游云梦，如果悄然发兵突袭，或许被俘虏的就不是他了。现在，又一次扭转命运乾坤的机会摆在面前。

韩信连忙召集手下的亲信家臣，秘密谋划。因为刘邦征讨陈豨，长安城中已经没有多少兵马，守卫空虚，而且统兵的大将们也跟随着去了。正是天遂人愿，动手的好时候。因此时韩信已无兵权，便伪造了一道诏书，下令赦免长安官府的囚徒们，以便听从韩信调度。韩信想领着这批人袭击吕后、太子，从而占据长安。

他部署已定，派了人向陈豨处报告，等陈豨那边的消息。谁知谋事不密，被韩信的一个叫乐说的舍人听了去。乐说打算向吕后告密韩信谋反，韩信的家臣及时发觉，将他囚禁起来，打算要将他除掉。

韩信觉得事出有变，等不得了，与自己的党徒们约定今夜子时趁着夜深人静，神不知鬼不觉地摸入宫中，将吕后他们杀个措手不及。

一切都安排妥当，只等打更的声音到来。

刚才忙着安排一切，他都不觉得自己累了。这会稍有些空闲，才感到倦意袭来，仿佛有些支持不住。这会儿他依然止不住地颤抖，心也抖得厉害，然后手也跟着抖了。他想，或许是累了。扶了扶额头，心腹侍从问他是不是不舒服，韩信回答说不是，又说想稍微休憩一会，记得到时候叫他，不可失期。侍从领命。

韩信迷迷糊糊地睡着了，但又睡得不太安稳，做了一些朦胧的梦。他梦见来到自家的庭院里，一棵不认识的古木漫天叶子地矗立在庭院当中。那繁盛的绿色让他疑惑。他想，这不是秋天了吗？怎么叶子还这么绿呢？一只鸟飞下来了，不知从哪里飞来的，两个黑溜溜的眼睛看着他。突然就开口说话了，听不太清楚，像是说你不是个长者。韩信吃了老大一个惊吓，心想："这不是钟离眜临终时说的话么？"这么一想，再定睛一瞧，那只鸟就变成了钟离眜的模样，叽喳不停，越发听不懂了，他"啊"地大喊，醒了，一身的汗。

室内灯火明晃晃地亮着，侍从还在。问什么时候了，回答说："楚王，才没过一会儿，离子时还早呢。"他心里冒出个念头，"我已经不是楚王了"。然后起身，有些坐立不安。

时间一点一滴地流逝，离他命运攸关的时刻越来越近了。

他有时也忍不住想问身边心腹家臣说约定的时间传达到了么？不会有什么差池吧？但觉得似乎显得自己失了主意似的。他们不是他，不能理解等待这么一个微妙的契机，他隐忍了多久。

忽然，有人通传萧相国到了。萧相国就是萧何，当年月下追韩信，说起来也是韩信的恩人。韩信听说萧何来时，心里猛地一跳，以为事情败露了，但时刻未到，不能贸然动手，于是面上不露声色，说请进来。

萧何、韩信二人相见，说了寒暄的话。韩信问道："相国深夜光降寒舍，不知有何见教？"萧相国说道："深夜打扰淮阴侯，着实不安。非是紧急的事，也不敢冒昧。"韩信说道："相国言重了。不知是什么紧急的事，要相国亲自前来？"萧何说道："刚刚陛下派了人来报，说是逆贼陈豨兵败被擒，已经伏诛，列侯群臣都去长乐宫中庆贺去了。吕后下了懿旨，通知其余尚不知消息的列侯大臣们，一起去长乐宫夜宴，为长夜之饮。"

韩信听了，宛如掀开两片头顶骨，倾下一盆雪水来，浑身一个激灵。他那么个身躯也支持不住，晃了几晃。萧何又接着说："淮阴侯虽然有恙在身，还是勉强入宫庆贺吧。"韩信被他抢了先机，也没了推脱的理由。他不知陈豨兵败的事是真是假，这里萧何又催得甚急，想着去长乐宫探听虚实也好。假如消息不实，再见机行事也不迟。于是跟着萧何，一路往长乐宫去了。

刚进入长乐宫，背地里闪出几个武士。韩信一路上心乱如麻，没有提防，身边又无随从，三两下就被捉了。

韩信向萧何说道："相国，请问我有何罪？怎么如此待我？"萧何尚未答话，吕后出来了，说道："你这个贼子，贼心不死。"韩信还要分辩，吕后说道："你不是囚禁了你的舍人乐说？他的弟弟上书告你谋反！"韩信听吕后如此说，脸霎时变了颜色，焦黄焦黄的，一时答不上话来。

原来，韩信的舍人乐说虽然被囚，但他早把消息告诉了他兄弟，并且说他如有不测，要他上书将韩信谋反的事告诉吕后。吕后听说后，想到长安城内兵马不多，又无老成的大将，直接召见韩信，怕他起疑心，一众党羽不从，反坏了事。所以急忙召见萧何等人。萧何想了个计谋，诈称刘邦军中来人报信，说陈豨被杀，叛军皆降，群臣入长乐宫祝贺云云。然后埋伏几个武士，一如云梦故事。所以有

韩信被吕后所俘。

了萧何深夜造访淮阴侯府的那一幕。

韩信被捉拿后，吕后、萧何又安排了一队人马将淮阴侯府团团围住，将他的党羽一网打尽。

吕后怕夜长梦多，下令将韩信押入长乐宫悬挂钟磬的屋子，作速斩了。

韩信此时感觉身体里所有的力气都流失掉了，软塌塌的，脚底下像踩在云朵上一般。如果不是几个武士架着，几乎路都走不动。就在这短暂的不过半个时辰的瞬息里，至少在他幻想的命运里，似乎又发生了一次翻天覆地的转变。半个时辰前，他还天上飘着，这时就掉入尘埃里的最底端。他自诩英雄盖世，用兵如神，怎么就轻易断送在一个女子手里！在被斩的那一刻，他还想逞一逞最后的威风，愤愤不平地说道："我后悔不听蒯通之计，为女子所诈，也许天意就是如此吧！"

他知道大势已去，即使想苟延残喘都不可得了。忽然，他感到脖颈上一股寒意划过。他一生的抱负，一生所有的跌宕荣华刹那间鲜明起来。随后那些鲜明的印象又慢慢地离他而去。在最后的清醒里，他想起谋反乃是夷三族的重罪，想起妻子陈氏和儿子，想起他的岳丈陈先生，想起为母亲在高敞地营造的预示后代繁盛腾达的少年壮志，想起这一生得到又失去的这一切……

韩 信
生平简表

●◯未详

生于淮阴。

●◯少年时期

从下乡南昌亭长寄食，后南昌亭长之妻不为韩信准备食物，

韩信愤而离去。

在淮阴城下钓鱼，受漂母救济。

受淮阴屠夫少年胯下之辱。

●◎秦二世二年（前208）

项梁渡淮，韩信仗剑从军，归于项梁麾下。项梁兵败身死，韩信归于项羽，为郎中。

●◎汉高祖元年（前206）

韩信弃楚归汉，为连敖。后坐法当斩，被滕公救下。经举荐，为治粟都尉。

韩信未得重用，弃汉而去，被萧何追回。经萧何举荐，刘邦拜韩信为大将军。

●◎汉高祖二年（前205）

刘邦退守荥阳，韩信由关中驰援，连破楚军于京、索之间。

刘邦拜韩信为左丞相，令其率兵一部击魏。韩信俘虏魏王豹，尽定魏地。韩信进兵击赵，破代军于邬县，擒斩夏说于阏与。

●◎汉高祖三年（前204）

韩信兵出井陉口，背水布阵，大破赵军，斩陈余，俘赵王歇。采用李左车计，不战而降燕国。

项羽击败彭越，西上克荣阳、成皋，刘邦逃往赵地，夺韩信大军，拜韩信为相国，令其征兵击齐。

●◎汉高祖四年（前203）

韩信引兵破齐，占临菑。项羽遣龙且救齐。韩信斩龙且于潍水，大破楚军二十万。追击中，斩齐王田广于城阳，尽定齐地。韩信请为假王。刘邦遣张良操印绶立韩信为齐王。

武涉、蒯彻劝韩信背汉独立，三分天下，韩信不听。

刘邦约韩信、彭越围歼项羽。

●◎汉高祖五年（前202）

韩信挥军南下，袭占楚都彭城，后与刘邦会师。垓下决战，韩信大破楚军，项羽兵败而逃，自杀于乌江。刘邦、韩信北上平鲁。刘邦在定陶解除韩信兵权。

刘邦徙封韩信为楚王，都下邳。

韩信至楚，召所从食漂母，赐千金；召下乡南昌亭长，赐百钱；召辱己之少年令出胯下者以为楚中尉。

●◎汉高祖六年（前201）

有人告韩信谋反，刘邦用陈平计，决定伪游云梦。刘邦会诸侯于陈边界，擒韩信。韩信被贬封为淮阴侯。

●◎汉高祖十一年（前196）

刘邦率兵讨陈豨。韩信被密告"谋反"。吕后斩杀韩信于长乐宫钟室。